教育部人文社会科学研究青年基金项目"乡村振兴战略背景下桂滇黔地区新型职业农民培育机制研究（批准号 19XJC630009）"资助

广西哲学社会科学规划研究重点项目"乡村振兴战略下青年职业农民经营能力提升机制与政策研究（批准号 20AGL001）"资助

乡村振兴战略下青年职业农民经营能力提升与培育机制研究

沈鸿 著

企业管理出版社

图书在版编目（CIP）数据

乡村振兴战略下青年职业农民经营能力提升与培育机制研究 / 沈鸿著. — 北京：企业管理出版社，2021.12
ISBN 978-7-5164-2509-1

Ⅰ.①乡… Ⅱ.①沈… Ⅲ.①农民教育－研究－中国 Ⅳ.① G725

中国版本图书馆 CIP 数据核字（2021）第 222067 号

书　　名：	乡村振兴战略下青年职业农民经营能力提升与培育机制研究
书　　号：	ISBN 978-7-5164-2509-1
作　　者：	沈　鸿
策　　划：	杨慧芳
责任编辑：	韩天放
出版发行：	企业管理出版社
经　　销：	新华书店
地　　址：	北京市海淀区紫竹院南路 17 号　　邮　　编：100048
网　　址：	http://www.emph.cn　　电子信箱：314819720@qq.com
电　　话：	编辑部（010）68420309　　发行部（010）68701816
印　　刷：	北京虎彩文化传播有限公司
版　　次：	2021 年 12 月第 1 版
印　　次：	2021 年 12 月第 1 次印刷
开　　本：	710mm×1000mm　　16 开本
印　　张：	12.75 印张
字　　数：	220 千字
定　　价：	78.00 元

版权所有　　翻印必究　·　印装有误　　负责调换

前言

青年职业农民培育是我国当前极为迫切的现实需求。自 2012 年中央一号文件首次提出"新型职业农民"概念以来，农业部、财政部等部门启动实施新型职业农民培育工程，各地加大组织实施力度，我国新型职业农民培育工作取得明显进展。根据国家统计局和农业部的统计，截至 2020 年底，我国新型职业农民总量已超过 2000 万人。2021 年中央一号文件指出，"将乡村人才振兴纳入党委人才工作总体部署"。2021 年 2 月，中共中央办公厅、国务院办公厅印发的《关于加快推进乡村人才振兴的意见》指出，"乡村振兴，关键在人"；"到 2025 年，乡村人才振兴制度框架和政策体系基本形成，乡村振兴各领域人才规模不断壮大、素质稳步提升、结构持续优化，各类人才支持服务乡村格局基本形成，乡村人才初步满足实施乡村振兴战略基本需要"。《意见》从加快培养农业生产经营人才、加快培养农村二、三产业发展人才、加快培养乡村公共服务人才、加快培养乡村治理人才、加快培养农业农村科技人才、充分发挥各类主体在乡村人才培养中的作用、建立健全乡村人才振兴体制机制和保障措施等方面做出具体部署。可见，中央不断加大工作力度，推动新型职业农民成为建设我国现代农业的有生力量。"中国的未来属于青年，中华民族的未来也属于青年"，乡村振兴战略的实现，很大程度上依赖广大农村青年职业农民充分发挥带头和带动作用。但是，目前我国青年职业农民普遍经营能力不强，尚需进一步提升他们的经营能力和加强培育工作。

本书以桂滇黔地区青年职业农民为主要研究对象，研究青年职业农民经营能力提升与培育机制问题。桂滇黔地区是典型的传统农业地区，现代农业不发达、农民数量多、素质偏低，大量青壮年农民放弃在农村种田到城市务工，从农村进城上学的大中专学生更是极少愿意回到农村工作。党的十九大报告明确指出，"加大力度支持革命老区、民族地区、边疆地区、贫困地区加快发展"，桂滇黔地区几乎同时是"革命老区""民族地区""边疆地区""贫困地区"。在传统农业向现代农业转化的关键时期，桂滇黔地区乡村振兴战略的实现，农村经济社会的发展，说到底关键在人。大量先进的农业科学技术、高效率农业设施装备、现代化经营管理理念需要大量高素质的青年职业农民。因此，研究桂滇黔地区青年职业农民经营能力提升与培育机制具有重要的实际应用价值。

青年职业农民经营能力提升与培育机制研究具有重要的学术理论价值。近年来，新型职业农民培育相关研究方兴未艾，新型职业农民培育问题已成为近年来我国学者及专家的研究热点，研究内容较为丰富，研究地域涉及较广。但是，从研究地域看，目前学术界对桂滇黔地区青年职业农民经营能力提升和培育的专门研究还十分稀少；从研究角度看，多从职业农民综合素质提升角度和职业农民培育理论分析角度进行研究，较少从细分的青年职业农民经营能力提升角度和青年职业农民培育影响因素、培育驱动体系、培育机制角度展开研究，缺乏更加宏观的研究视角，研究较分散，未形成体系；从研究方法看，现有研究多采用理论研究方法，实证研究方法尚较少采用。

本书从更加宏观的研究视角，整合应用管理学、经济学、社会学等多个不同学科理论，运用理论研究与实证研究相结合的方法，研究桂滇黔地区的青年职业农民经营能力提升与培育机制问题，为我国新型职业农民培育研究提供新的理论支撑体系，使现有的新型职业农民培育研究得到进一步深化和系统化。其中，青年职业农民及经营能力内涵、外延，青年职业农民培育影响因素、驱动体系、培育机制等研究内容，是对区域农村人力资源开发理论的进一步探索，具有一定的示范意义。

第1章绪论部分对研究背景与意义进行了阐述，对国内外相关研究进行了梳理和综述，并对本书的研究内容、研究方法和研究的技术路线进行了说明。

第2章对乡村振兴战略、青年职业农民及经营能力概念和相关理论进行简要阐述。

第3章是对青年职业农民经营能力与培育情况开展实地访谈的过程与结果分析。设计访谈问题，选取桂滇黔地区青年职业农民培育的代表性区域，对青年职业农民经营能力、培育现状、影响因素及培育情况进行访谈，对访谈结果进行归纳总结。

第4章主要采用社会调查与统计法、案选取桂滇黔地区青年职业农民培育的典型区域，通过分层抽样和随机抽样相结合的方式采集足量样本，摸清青年职业农民经营能力与培育工作的实况，总结其特点，分析存在的障碍及原因、成效与不足等。

第 5 章对乡村振兴战略下青年职业农民培育影响因素进行研究。在调查研究获得了一定的定性认识和相关统计数据的基础上，采用定量研究方法，用 SPSS 软件进行统计分析，找出影响青年职业农民培育的主要因素。研究农民个体、群体与组织，高等学校及职业学校，相关企业，政府及社团组织，各民主党派等多方利益主体行为对青年职业农民培育的影响机理，以及政府的政策、法律法规、资金、教育培训、公共服务等因素对青年职业农民培育的作用过程。

第 6 章对乡村振兴战略下青年职业农民培育驱动体系开展研究。青年职业农民培育是一项系统工程，需要政策引导、教育科技资源投入、舆论营造、职业农民精神建设等多方投入，离不开法律法规政策体系、教育培训体系、金融体系、公共服务体系等多方面支撑。只有协调统筹多方利益主体之间的关系，更好地发挥各自的功能，才能驱动青年职业农民培育工作有序运行。青年职业农民培育驱动体系研究是青年职业农民培育机制研究的重要基础。

第 7 章是乡村振兴战略下青年职业农民培育机制研究。在前期研究的基础上，结合桂滇黔地区青年职业农民培育的实际情况，构建桂滇黔地区青年职业农民培育机制，即探究青年职业农民培育过程中各要素的功能、相互联系、协调各要素关系的具体运作方式。从青年职业农民培育机制的运行形式来看，有行政计划式、指导服务式、监督式；从培育机制的功能来看，有激励机制、约束机制、保障机制等。只有建立科学长效的青年职业农民培育体制，才能保障青年职业农民培育工作可持续进行。

第 8 章是研究结论与政策建议。结合前面的研究结果，最终得出青年职业农民经营能力提升与培育机制的研究结论与政策建议。

本书的创新点有三个。

第一，研究问题上的创新。我国职业农民素质能力提升和培育是近几年党中央、国家有关部委及各地政府大力推进的重点工作，学术界已有不少相关研究。然而，对于我国青年职业农民的内涵、外延的科学界定，青年职业农民经营能力提升和培育影响因素、驱动体系与机制等方面的研究，目前学术成果还比较少且无明确统一的结论，因此本研究有一定的创新性。

第二，研究视角上的创新。现有文献多从传统农民和职业农民内部范畴进行研究，较少从政府、学校、企业甚至全社会范畴展开系统研究，缺乏更加宏观的研究视角。

第三，研究对象上的创新。学术界对桂滇黔地区青年职业农民经营能力提升和培育机制的研究还十分稀少。桂滇黔地区作为一个特殊的地区，农业比重大，农村人口多，革命老区、民族地区、边疆地区、贫困地区特征交织，青年职业农民经营能力提升与培育工作事关该地区乃至西南地区"三农"问题的解决、农业现代化的实现，事关民族和谐、边疆稳定及我国区域经济均衡发展。

目 录

前 言 ……………………………………………………… 1

第1章 绪论 ……………………………………………… 1

1.1 研究背景与研究意义 ……………………………… 2
1.1.1 研究背景 …………………………………… 2
1.1.2 研究意义 …………………………………… 5

1.2 国内外研究综述 …………………………………… 6
1.2.1 国内外相关研究 …………………………… 6
1.2.2 研究综述 …………………………………… 10

1.3 研究内容与研究方法 ……………………………… 11
1.3.1 研究内容 …………………………………… 11
1.3.2 研究方法 …………………………………… 12
1.3.3 研究技术路线 ……………………………… 13

第2章 基本概念与理论基础 ………………………… 14

2.1 基本概念 …………………………………………… 15
2.1.1 乡村振兴战略 ……………………………… 15
2.1.2 青年职业农民及经营能力 ………………… 16
2.1.3 乡村振兴战略下的青年职业农民培育 …… 18

2.2 理论基础 …………………………………………… 22
2.2.1 人力资本投资理论 ………………………… 22
2.2.2 人的全面发展理论 ………………………… 23
2.2.3 可持续发展理论 …………………………… 24

目 录

第3章 青年职业农民经营能力与培育现状访谈 ············25

3.1 访谈对象与题目设计 ···························· 26
3.1.1 访谈对象 ······························· 26
3.1.2 访谈题目设计 ···························44

3.2 访谈结果 ································· 46

3.3 访谈结论 ································· 75

第4章 青年职业农民经营能力与培育现状问卷调查 ······80

4.1 调查对象与题目设计 ···························· 81
4.1.1 调查对象 ······························· 81
4.1.2 调查题目设计 ···························83

4.2 调查结果 ································· 84

4.3 调查结论 ································· 92

第5章 青年职业农民培育影响因素 ···················94

5.1 可能的影响因素收集 ···························· 95
5.1.1 相关文献析出 ···························95
5.1.2 访谈调查收集 ···························97
5.1.3 影响因素质化研究 ·······················99

5.2 关键影响因素分析 ···························· 100
5.2.1 外部环境宏观因素 ······················· 100
5.2.2 培育供给微观因素 ······················· 103

5.2.3　农民自身方面因素……………………………………… 105

　5.3　影响因素研究结论………………………………………… 107

第6章　青年职业农民培育驱动体系 ……………………… 109

　6.1　三大驱动主体……………………………………………… 110
　　6.1.1　政府……………………………………………………… 110
　　6.1.2　市场……………………………………………………… 112
　　6.1.3　农民……………………………………………………… 113

　6.2　驱动机制访谈与调查……………………………………… 115
　　6.2.1　专家访谈………………………………………………… 115
　　6.2.2　桂滇黔地区青年职业农民调查………………………… 118

　6.3　驱动体系设计……………………………………………… 120
　　6.3.1　政府的顶层设计和指导帮扶驱动……………………… 120
　　6.3.2　市场的大范围培育实践驱动…………………………… 121
　　6.3.3　青年职业农民内在驱动………………………………… 121

　6.4　驱动体系研究结论………………………………………… 122

第7章　青年职业农民培育机制 …………………………… 123

　7.1　青年职业农民培育决策机制……………………………… 124
　　7.1.1　决策机构………………………………………………… 124
　　7.1.2　决策运行机制…………………………………………… 125

　7.2　青年职业农民培育协调机制……………………………… 126
　　7.2.1　协调机制运行机理……………………………………… 126

7.2.2 协调机制运行方式……………………………………… 127

 7.3 青年职业农民培育激励约束机制……………………………… 128
   7.3.1 激励与约束结合……………………………………… 128
   7.3.2 利益与责任对应……………………………………… 129
   7.3.3 物质与精神并重……………………………………… 129

 7.4 青年职业农民培育创新机制…………………………………… 130
   7.4.1 结合桂滇黔地区特点创新培育机制………………… 130
   7.4.2 顺应时代技术发展创新培育模式…………………… 131
   7.4.3 因材施教创新分级分类培育机制…………………… 132
   7.4.4 紧跟市场需求创新培育内容方式…………………… 133

 7.5 青年职业农民培育保障机制…………………………………… 134
   7.5.1 组织与人力保障……………………………………… 134
   7.5.2 法律法规和政策保障………………………………… 134
   7.5.3 资金保障……………………………………………… 135
   7.5.4 监督保障……………………………………………… 135

 7.6 培育机制研究结论……………………………………………… 136

第8章 研究结论与政策建议 ……………………………………… 138

 8.1 研究结论………………………………………………………… 139
   8.1.1 青年职业农民经营能力提升与培育具有重要价值…… 139
   8.1.2 我国青年职业农民具有独特内涵与鲜明特点………… 140
   8.1.3 青年职业农民经营能力内涵与影响因素……………… 141
   8.1.4 青年职业农民对培育的期待和面临困境……………… 142

8.1.5 青年职业农民培育的关键影响因素 ………………… 143
8.1.6 青年职业农民培育的驱动体系 ……………………… 144
8.1.7 青年职业农民培育的联动机制 ……………………… 145

8.2 政策建议 …………………………………………………… 145
8.2.1 完善顶层设计战略规划 ………………………………… 145
8.2.2 完善法律法规、政策制度 ……………………………… 146
8.2.3 加大资金投入 …………………………………………… 148
8.2.4 加强交通、基础设施、硬件建设 ……………………… 149
8.2.5 创新青年职业农民培育机制并融合其他机制 ………… 149
8.2.6 引导全社会力量广泛参与并协调资源和规范引导…… 150
8.2.7 强化对青年农民及农民组织内生力量的激发 ………… 152
8.2.8 注重培育的同时防止青年人才流失并鼓励人才回流… 155

参考文献 ………………………………………………………… 156

附 录 …………………………………………………………… 172
附录1 青年职业农民调查问卷 ………………………… 172
附录2 青年职业农民培育现状调查问卷完整统计结果
（共1008份数据）………………………………… 181

第 1 章

绪论

1.1 研究背景与研究意义

1.1.1 研究背景

2021年2月21日,《中共中央、国务院关于全面推进乡村振兴加快农业农村现代化的意见》(即2021年中央一号文件)发布,这是21世纪以来第18个指导"三农"工作的中央一号文件。文件指出,民族要复兴,乡村必振兴。要坚持把解决好"三农"问题作为全党工作重中之重,把全面推进乡村振兴作为实现中华民族伟大复兴的一项重大任务,举全党全社会之力加快农业农村现代化,让广大农民过上更加美好的生活。十九大报告指出,农业农村农民问题是关系国计民生的根本性问题,必须始终把解决好"三农"问题作为全党工作的重中之重,实施乡村振兴战略。2018年9月,中

第1章 绪论

共中央、国务院印发了《国家乡村振兴战略规划（2018—2022年）》并发出通知，要求各地区各部门结合实际认真贯彻落实。2021年3月，《中共中央、国务院关于实现巩固拓展脱贫攻坚成果同乡村振兴有效衔接的意见》发布。

农村经济社会发展，说到底，关键在人。人是生产力诸要素中最积极活跃的因素，长效解决相对贫困、实施乡村振兴战略，都必须依靠农民职业化和能力的提升。2012年中央一号文件首次提出"新型职业农民"概念以来，农业部、财政部等部门启动实施青年职业农民培育工程，各地加大组织实施力度，我国新型职业农民培育工作取得了明显进展。2017年1月9日，农业部出台《"十三五"全国新型职业农民培育发展规划》，提出发展目标：到2020年全国新型职业农民总量超过2000万人。根据国家统计局和农业农村部的统计，截至2020年底，我国新型职业农民总量已超过2000万人。

桂滇黔地区培育新型职业农民的成效显著。广西壮族自治区自2014年启动实施新型职业农民培育工程以来，已经成功打造出一支"懂农业，爱农村、爱农民"的现代农业发展新生力量，为广西壮族自治区乡村振兴培养了一支朝气蓬勃的生力军。至2020年，广西壮族自治区累计培养新型职业农民12.33万人、现代青年农场主1800人、农业经理人1000多人，新型职业农民中等职业教育招生培养9254人，全区家庭农场突破1万家，农民合作社达6万家，新型职业农民培育项目共落实项目资金4.38亿元，并提出实施现代农业经营体系创新行动，推动各类农业生产要素有机重组和优化配置。广西新型职业农民培育在推动产业高质量发展、脱贫攻坚和乡村振兴中发挥了重要作用。云南省自2013年以来，按照"科教兴农、人才强农、新型职业农民固农"的总要求，稳步推进新型职业农民培育工作。至2020年底，云南省培训新型职业农民18.21万人，完善22个现代农业产业技术体系，增强了产业发展科技支撑力。云南省充分发挥以各级农广校为主体的培训体系作用，创新方法和模式，分层分类分模块培养了一批有文化、懂技术、善经营、会管理的新型职业农民。贵州省在深入推进农村产业革命，大力实施产业结构调整中加强对广大农民的培训，全力打造一批有文化、懂技术、会经营的新型职业农民。至2020年底，全省累计培育新型职业农民达到25万人，其中现代农场主2000多人，培训提升农业技术人员不少于3.5万人次。桂滇黔地区稳步推进新型职业农民培育工作，取得明显成效，为加快推进农业供给侧结构性改革，发展该地区特色现代农业提供了强有力的人才支撑。

我国新型职业农民的培育具有独特的国情背景和特殊性，与国外的职业农民培育相比存在较大差异。新型职业农民发展程度在地区间也存在较大差异，东部地区新型职业农民发展程度较高，中部地区、东北部地区和西部地区新型职业农民发展水平相对较低。桂滇黔地区不但是西部地区的重要组成部分，而且广泛分布着十九大报告明确提出的要加快发展的地区（革命老区、民族地区、边疆地区、贫困地区），是我国一个比较特殊的地区。桂滇黔地区是典型的农业地区，农村经济落后、农业不发达、农民增收缓慢，"三农"问题突出。在桂滇黔地区，农民数量多、素质不太高，大量青壮年农民放弃在农村种田，到城市务工，从农村进城上学的大中专学生更是极少愿意回到农村工作。在乡村振兴战略实施过程中，在传统农业向现代农业转化的关键时期，桂滇黔地区乡村振兴战略的实现，必然要依靠大量高素质的新型职业农民。大量先进的农业科学技术、高效率农业设施装备、现代化经营管理理念，需要大量具备较高素质和较强职业能力的新型职业农民。在这样的背景下，研究桂滇黔地区青年职业农民经营能力提升及培育的现状、培育影响因素、培育驱动体系、培育机制问题十分必要。

1.1.2 研究意义

本研究的理论意义体现在，通过整合不同学科的多种理论，运用更科学、更丰富的多种研究方法，从中观研究的视角，研究青年职业农民培育机制问题。本研究不仅使现有的新型职业农民培育研究得到进一步深化和系统化，也为我国新型职业农民培育研究提供了新的理论支撑体系、研究方法体系。其中，青年职业农民的定义与特点，桂滇黔地区青年职业农民培育的影响因素研究、驱动体系研究、培育机制等研究内容，是对区域农村人力资源开发理论的进一步补充和延伸，具有一定的示范意义。

研究的应用价值表现在：研究桂滇黔地区青年职业农民培育机制，有利于促进该地区农民队伍整体素质得到提升，促进该地区传统农业向现代农业转化，促进该地区"三农"问题得到更好解决；有利于我国革命老区、民族地区、边疆地区、贫困地区的团结稳定和区域经济均衡发展，进而产生良好的社会效益；也为我国其他地区的新型职业农民培育实践提供一定的参照和借鉴价值。

1.2 国内外研究综述

1.2.1 国内外相关研究

美国学者埃里克·R.沃尔夫（1966）阐述了传统农民（peasants）与职业农民（farmers）的定义及差别，认为传统农民的主要追求是维持生计，他们"固守传统的安排"，在一定的社会关系等级秩序中维持其社会身份。职业农民则将农业作为产业来经营，他们充分进入市场，置身于开放的竞争环境，更倾向于在风险中从事可获得最大收益的农业生产。诺贝尔经济学奖获得者、美国经济学家舒尔茨（1964）认为，农民的知识和技能水平与其劳动生产率之间存在着非常显著的正相关关系。他认为，实现对传统农业的改造，必须要向农民提供正规教育、各种短期技能训练的机会。日本学者晖峻众三（2011）认为，应赋予专业农户与周边的上班族大体上同等的劳动时间、假日、所得、社会保障，为培育这样的农业接班人（劳动力和经营体），国家和地方政府等应予以支持。

目前，世界上很多国家对新型职业农民培育都有自己的模式及政策。例如，美国采用了独特的农业教育、科研、推广"三位一体"的方式来培养新型职业农民，颁布《就业机会法》，在法律中规定向农村农民提供资助，向农村人口提供有效的教育和培训。法国采用了交替培训教学法培育新型职业农民。加拿大推行"绿色证书"作为新型职业农民的准入证书，并颁布了《农艺教育法》和《失业人员及农业补助法》，为新型职业农民的培育发展提供法律保障。荷兰从基础教育阶段就开始实施"双轨制"教育，将农业教育与基础教育紧密联系起来。韩国政府专门制定《农渔民后继者培养基本法》，确立农渔民后继者培养制度和专业农户培养制度，以应对高学历、高素质新型农民离开农村问题。各国的国情不同，每个国家对于新型职业农民的培育和管理都有一套适合本国国情的培育及管理模式。

顾冬冬（2020）运用 Cite Space 对 2012—2019 年 CNKI 收录的新型职业农民培育研究文献进行知识图谱分析，发现我国新型职业农民培育研究主题，主要覆盖概念解析、培育状况、影响因素及乡村振兴与精准扶贫等政策背景下新型职业农民培育路径选择等方面，研究热点聚焦于培育方向、培育手段和制约因素等问题，学术影响力较大的成果主要集中在国内农业类和师范类大学。谭婧等（2021）借助文献计量软件对 2006—2020 年中国 CNKI 收录的新型职业农民培育文献（3127 篇）进行可视化分析发现，我国近十几年来新型职业农民培育的研究重点，主要集中在新型职业农民培育定位、策略、影响要素和机遇发展等几个方面。

与本书相关的主要文献有以下几部分。

（1）新型职业农民培育实践及存在问题研究。吴易雄等（2017）研究了老少边穷地区新型职业农民培养工作存在的问题。周杉等（2017）、马榕璠等（2017）、康静萍等（2015）分别对西部地区、山西省、安徽省寿县新型职业农民培育实践进行了调查研究。植玉娥等（2015）总结了成都市新型职业农民的培训需求。徐辉等（2018）、周瑾等（2018）、马艳艳等（2018）用全国、河北省、宁夏银北地区等不同的样本数据，研究了影响新型职业农民培训意愿的因素。沈琼等（2021）用河南省新型职业农民问卷调查数据，研究了营商环境对新型职业农民持续务农意愿的影响。

（2）新型职业农民培育影响因素研究。杨璐璐（2018）研究了影响浙江湖州新型职业农民培育满意度的因素。

（3）新型职业农民培育模式研究。高杰（2015）研究了四川省成都市新津县的新型职业农民培训模式。钟真等（2018）对云南、海南两省天然橡胶种植区域农垦职工和普通农民进行了比较研究。

（4）新型职业农民培育的机理机制与对策研究。郑雄飞（2018）研究了我国新型职业农民的社会利益关系及其协调路径优化，提出通过收益共享在农业农村配置内生驱动机制来推动农民职业化纵深发展。徐辉（2016）从个体和群体角度分析了新型职业农民的形成原因，提出建立新型职业农民自主提升机制。乔平平（2016）提出，要实施分类培养和分型发展机制，拓展新型职业农民的来源和途径，构建严格的农业准入制度，创新新型职业农民培育模式。赵如等（2016）认为，要分类培育从事生产养殖劳动、管理劳动和服务劳动的新型职业农民，构建新型职业农民瞄准和认证等机制，搭建现代农业服务业发展平台等。颜廷武等（2017）总结了武汉市东西湖区新型职业农民培育的创新模式。郑兴明等（2015）分析了农科类大学生农村基层服务意愿及其影响因素。娄眉卿（2016）以上海市郊区开放大学为例，研究了转型发展背景下新型职业农民培育问题。马建富等（2017）、欧阳忠明等（2017）、崔红志（2017）、胡焱等（2017）、周芳玲等（2016）从农村职业教育、新型职业农民转型过程中的学习策略偏好等方面提出我国新型职业农民培育的相关建议。宋新乐等（2016）提出新型职业农民群体职业精神的形成，与提高是现代农业发展的重要因素。童洁等（2015）、金绍荣等（2015）、黎家远（2015）等研究了我国新型职业农民培育支持体系。此外，刘吉双（2017）、夏益国等（2015）研究了日本、美国的职业农民发展历史，认为国外的农村耕地保护制度、政府的政策支持等经验值得我国借鉴。

1.2.2 研究综述

从以上国内外研究现状可以看出，新型职业农民培育问题已成为近年来我国学者专家的研究热点和重点。研究内容较为丰富，研究地域涉及较广，但仍存在以下不足之处。

（1）从研究地域看，目前学术界专门针对桂滇黔地区青年职业农民培育的相关研究还十分稀少。

（2）从研究角度看，多从现有农民和新型职业农民内部范畴进行培育研究，较少从政府、学校、企业甚至全社会范畴，通过自主培养、外部引进、灵活使用相结合的驱动体系和支持体系的角度展开研究，缺乏更加中观或宏观的研究视角，也少有培育机制的研究，研究较分散，未形成体系。

（3）从研究方法看，青年职业农民的概念出现在特殊的历史时期，是一个全新的概念，不同于传统的理论范畴，现有研究成果多为教育学、农业经济相关理论背景，较少涉及管理学、经济学、社会学等学科理论。

综上所述，采用更科学、更丰富的研究方法，运用管理学、经济学、社会学等多个学科理论，从中观层面更系统、更深入地研究桂滇黔地区青年职业农民培育机制问题十分必要。

1.3 研究内容与研究方法

1.3.1 研究内容

本书以桂滇黔地区青年职业农民培育机制为主要研究对象，拟对桂滇黔地区现实的青年职业农民和潜在的青年职业农民、各级政府中农村工作管理者、农业研究学者与专家、农科院校职校学生等进行调研，全面采集整理和分析桂滇黔地区青年职业农民培育的相关数据，研究青年职业农民培育机制。

本书主要的研究内容包括以下几方面。

（1）桂滇黔地区青年职业农民经营能力提升与培育现状实地访谈、调查研究。

（2）桂滇黔地区青年职业农民培育的关键影响因素研究。

（3）桂滇黔地区青年职业农民培育驱动体系研究。

（4）桂滇黔地区青年职业农民培育机制研究。

（5）桂滇黔地区青年职业农民培育政策建议。

1.3.2 研究方法

本书的研究方法包括以下几种。

（1）理论研究法：综合分析国内外关于新型职业农民培育的相关理论，包括人力资本理论、专业化分工理论、规模经济理论、劳动力转移理论、组织行为理论、利益相关者理论、博弈论等，以及 CNKI、EBSCO、Web of Science 等国内外权威数据库上搜集的相关文献，建立研究的理论基础。

（2）社会调查与统计方法：通过田野调查（以问卷调查、个别访谈、观察法等为主）、专家访谈，获取研究所需的各种数据，并通过 SPSS 软件对数据进行整理、分析，运用科学的统计学方法进行定量的实证研究；通过德尔菲调查法，对青年职业农民培育相关问题征求专家意见，并整理、归纳、统计，再匿名反馈给各位专家，然后再次征求意见，再集中、反馈，直至得到一致意见。

（3）案例研究法：对桂滇黔地区青年职业农民培育典型区域、典型事例、典型人物进行深入分析总结，找出其成功经验及不足之处，进行探讨、思考和升华。

1.3.3 研究技术路线

本书研究技术路线如图 1-1 所示。

研究思路	研究内容	研究方法
提出问题：乡村振兴战略背景下桂滇黔青年职业农民培育机制是怎样的	桂滇黔青年职业农民经营能力及培育现状调查研究	理论研究 社会调查与统计 案例研究
分析问题：桂滇黔地区青年职业农民培育有哪些影响因素？培育驱动体系如何	桂滇黔地区青年职业农民培育影响因素研究	理论研究 社会调查与统计
	桂滇黔地区青年职业农民培育驱动体系研究	理论研究 社会调查与统计
解决问题：桂滇黔地区青年职业农民培育机制构建及青年职业农民培育政策建议	桂滇黔地区青年职业农民培育机制研究	理论研究
	桂滇黔地区青年职业农民培育政策建议	理论研究 比较研究

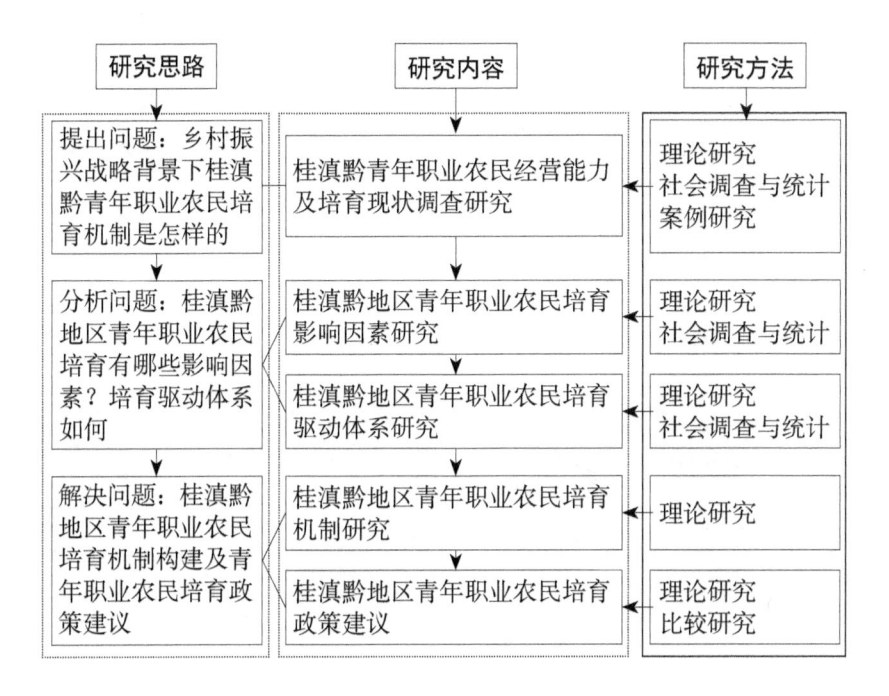

图 1-1 本书研究技术路线图

第 2 章

基本概念与理论基础

2.1 基本概念

2.1.1 乡村振兴战略

2017年10月18日，党的十九大报告中正式提出乡村振兴战略。十九大报告指出，农业农村农民问题是关系国计民生的根本性问题，必须始终把解决好"三农"问题作为全党工作的重中之重。实施乡村振兴战略，其根本目的是全面解决农业、农村、农民"三农"问题，实现我国乡村全面振兴。

2018年3月5日，《政府工作报告》提出，大力实施乡村振兴战略；2018年5月31日，中共中央政治局召开会议，审议《国家乡村振兴战略规划（2018—2022年）》；2018年9月，中共中央、国务院印发了《国家乡村振兴战略规划（2018—2022年）》并发出通知，要求各地区各部门结合实际认真贯彻落实。中共中央、国务院连续发布中央一号文件，对新发展阶段优先发展农业农村、全面推进乡村振兴做出总体部署，为做好当前和今后一个时期"三农"工作指明方向。2021年2月21日，《中共中央 国务院关于全面推进乡村振兴加快农业农村现代化的意见》（即中央一号文件）发布，这是21世纪以来第18个指导"三农"工作的中央一号文件；2月25日，国务院直属机构国家乡村振兴局正式挂牌；2021年3月，《中共中央、国务院关于实现巩固拓展脱贫攻坚成果同乡村振兴有效衔接的意见》发布，提出重点工作；2021年4月29日，十三届全国人大常务委员会第二十八次会议表决通过《中华人民共和国乡村振兴促进法》；2021年5月18日，司法部印发了《"乡村振兴 法治同行"活动方案》。

2.1.2 青年职业农民及经营能力

1. 青年职业农民的概念

《"十三五"全国新型职业农民培育发展规划》对我国新型职业农民的表述是："以农业为职业、具有相应的专业技能、收入主要来自农业生产经营并达到相当水平的现代农业从业者。"

我国农民的发展经历了从佃农、准职业农民、兼业农民、职业农民、新型农民到新型职业农民的历史转换。目前，我国青年职业农民的内涵尚未达成共识，其内涵跟国外的职业农民有相同之处，也存在着自身的社会与历史特征。

新型职业农民的"职业"强调的是农民的职业化、专业化，指农民从被动身份转向主动职业、从兼业转向专业、从维持自足转向市场经营与竞争；新型职业农民的"新"强调的是"现代化"和"时代性"，指"从事现代农业的农民"。

故我国新型职业农民的内涵可以表述为：主动选择从事现代农业，具有职业情感和生产、技术、经营方面职业能力，通过产业化经营、市场化竞争，获取与社会上其他职业相均衡的较高收入作为主要收入来源的农民。本书中的青年职业农民指年龄在16～50周岁的新型职业农民。

2. 青年职业农民的特点

青年职业农民的特点可归纳为：收入较高且来自农业生产经营、职业化和专业化、现代化。习近平总书记用"爱农业、懂技术、善经营"九个字阐释了新型职业农民，可以作为其职业情感和职业能力基本标准。

我国青年职业农民的内涵反映了当前社会经济发展的阶段性、动态性特征，具有鲜明的中国特色。

3. 青年职业农民的经营能力

《现代汉语词典》对"能力"的解释是，能胜任某项任务的主观条件。对经营的解释：一是指筹划并管理，二是泛指计划和组织。本书采用第二种释义，即筹划并管理。

青年职业农民的经营能力指的是，青年职业农民在对内外部环境，与自身发展潜力进行识别基础上的战略制定和决策能力，以及日常生产经营活动中的各种管理能力。

2.1.3 乡村振兴战略下的青年职业农民培育

实施乡村振兴战略，要坚持党对农村工作的管理、坚持农业农村优先发展、坚持农民主体地位、坚持乡村全面振兴、坚持城乡一体化发展。要加强农村基层基础工作，培育一支懂农业、爱农村、爱农民的"三农"队伍，提高青年职业农民培育的效率。

在十九大报告第五部分"贯彻新发展理念，建设现代化经济体系"中，第三条实施乡村振兴战略，其中特别强调要培养造就一支懂农业、爱农村、爱农民的"三农"工作队伍。十九大报告指出：农业农村农民问题是关系国计民生的根本性问题，必须始终把解决好"三农"问题作为全党工作重中之重。要坚持农业农村优先发展，按照产业兴旺、生态宜居、乡风文明、治理有效、生活富裕的总要求，建立健全城乡融合发展体制机制和政策体系，加快推进农业农村现代化。巩固和完善农村基本经营制度，深化农村土地制度改革，完善承包地"三权"分置制度。保持土地承包关系稳定并长久不变，第二轮土地承包到期后再延长三十年。深化农村集体产权制度改革，保障农民财产权益，壮大集体经济。确保国家粮食安全，把中国人的饭碗牢牢端在自己手中。构建现代农业产业体系、生产体系、经营体系，完善农业支持保护制度，发展多种形式适度规模经营，培育新型农业经营主体，健全农业社会化服务体系，实现小农户和现代农业发展有机衔接。促进农村一二三产业融合发展，支持和鼓励农民就业创业，拓宽增收渠道。加强农村基层基础工作，健全自治、法治、德治相结合的乡村治理体系。培养造就一支懂农业、爱农村、爱农民的"三农"工作队伍。

2018年3月5日，《政府工作报告》中第三点"对2018年政府工作的建议"也提出要"大力实施乡村振兴战略"，培育新型经营主体，加强面向小农户的社会化服务。报告指出，要科学制定规划，健全城乡融合发展体制机制，依靠改革创新壮大乡村发展新动能。一是要推进农业供给侧结构性改革。促进农林牧渔业和种业创新发展，加快建设现代农业产业园和特色农产品优势区，稳定和优化粮食生产。新增高标准农田8000万亩以上、高效节水灌溉面积2000万亩。培育新型经营主体，加强面向小农户的社会化服务。发展"互联网+农业"，多渠道增加农民收入，促进农村一二三产业融合发展。二是要全面深化农村改革。落实第二轮土地承包到期后再延长30年的政策。探索宅基地所有权、资格权、使用权分置改革。改进耕地占补平衡管理办法，建立新增耕地指标、城乡建设用地增减挂钩节余指标跨省域调剂机制，所得收益全部用于脱贫攻坚和支持乡村振兴。深化粮食收储、集体产权、集体林权、国有林区林场、农垦、供销社等改革，使农业农村充满生机活力。三是要推动农村各项事业全面发展。改善供水、供电、信息等基础设施，新建改建农村公路20万公里。稳步开展农村人居环境整治三年行动，推进"厕所革命"。促进农村移风易俗。健全自治、法治、德治相结合的乡村治理体系。要坚持走中国特色社会主义乡村振兴道路，加快实现农业农村现代化。

中共中央、国务院印发的《国家乡村振兴战略规划（2018—2022年）》第三十二章专章强调，要"强化乡村振兴人才支撑"，实行更加积极、更加开放、更加有效的人才政策，推动乡村人才振兴，让各类人才在乡村大施所能、大展才华、大显身手。要培育新型职业农民，全面建立职业农民制度，培养新一代爱农业、懂技术、善经营的新型职业农民，优化农业从业者结构。实施新型职业农民培育工程，支持新型职业农民通过弹性学制参加中高等农业职业教育。创新培训组织形式，探索田间课堂、网络教室等培训方式，支持农民专业合作社、专业技术协会、龙头企业等主体承担培训。鼓励各地开展职业农民职称评定试点。引导符合条件的新型职业农民参加城镇职工养老、医疗等社会保障制度。

《中华人民共和国乡村振兴促进法》第三章"人才支撑"也用第二十四条至第二十八条对乡村振兴中的人才支撑进行立法。内容如下：

国家健全乡村人才工作体制机制，采取措施鼓励和支持社会各方面提供教育培训、技术支持、创业指导等服务，培养本土人才，引导城市人才下乡，推动专业人才服务乡村，促进农业农村人才队伍建设（第二十四条）；各级人民政府应当加强农村教育工作统筹，持续改善农村学校办学条件，支持开展网络远程教育，提高农村基础教育质量，加大乡村教师培养力度，采取公费师范教育等方式吸引高等学校毕业生到乡村任教，对长期在乡村任教的教师在职称评定等方面给予优待，保障和改善乡村教师待遇，提高乡村教师学历水平、整体素质和乡村教育现代化水平；各级人民政府应当采取措施加强乡村医疗卫生队伍建设，支持县乡村医疗卫生人员参加培训、进修，建立县乡村上下贯通的职业发展机制，对在乡村工作的医疗卫生人员实行优惠待遇，鼓励医学院校毕业生到乡村工作，支持医师到乡村医疗卫生机构执业、开办乡村诊所、普及医疗卫生知识，提高乡村医疗卫生服务能力；各级人民政府应当采取措施培育农业科技人才、经营管理人才、法律服务人才、社会工作人才，加强乡村文化人才队伍建设，培育乡村文化骨干力量（第二十五条）；各级人民政府应当采取措施，加强职业教育和继续教育，组织开展农业技能培训、返乡创业就业培训和职业技能培训，培养有文化、懂技术、善经营、会管理的高素质农民和农村实用人才、创新创业带头人（第二十六条）；县级以上人民政府及其教育行政部门应当指导、支持高等学校、职业学校设置涉农相关专业，加大农村专业人才培养力度，鼓励高等学校、职业学校毕业生到农村就业创业（第二十七条）；国家鼓励城市人才向乡村流动，建立健全城乡、区域、校地之间人才培养合作与交流机制；县级以上人民政府应当建立鼓励各类人才参与乡村建设的激励机制，搭建社会工作和乡村建设志愿服务平台，支持和引导各类人才通过多种方式服务乡村振兴；乡镇人民政府和村民委员会、农村集体经济组织应当为返乡入乡人员和各类人才提供必要的生产生活服务；农村集体经济组织可以根据实际情况提供相关的福利待遇（第二十八条）。

人才是实施乡村振兴战略中的关键。大力培育青年职业农民，可以提高农村生产效率，实现城乡一体化发展，加快我国农业现代化建设。乡村振兴战略的实施和实现，必须依靠大量高素质青年职业农民的参与。

2.2 理论基础

2.2.1 人力资本投资理论

诺贝尔经济学奖获得者、美国经济学家舒尔茨（1964）认为，农民的知识和技能水平与其劳动生产率之间存在着有力的正相关关系，要实现对传统农业的改造，必须向农民提供接受正规教育和各种短期技能训练的机会。人力资本作为经济增长的主要因素，是一种最具经济价值的资本。它对经济增长的贡献远远大于物质资本和劳动力的增长。

在农业方面，随着科学技术的发展，农民的知识、素质和技能水平的提高已成为经济增长的主要因素，这说明增加人力资本的投入比增加物质资本的投入更为重要。而农村人力资本投资的两个方面是农民教育和农业科技。因此青年职业农民的培育显得至关重要。

2.2.2 人的全面发展理论

马克思、恩格斯认为：个人能力的全面发展包含有自由发展的意义，而人的自由发展既受自然界和社会客观条件限制，又受人类自身体力和智力发展的限制；可见人的自由发展程度，离不开客观条件的制约，同时，也是人自身认识世界、改造世界发展程度的确证。人只有充分具备自由发展这个条件，才有个人的全面发展；只有每个人普遍得到全面发展，人类才能真正获得驾驭自然界和人类社会的自由，成为自由发展的人。个人素质的全面发展的过程即世界观、价值观发生变化的过程。

根据上述理论，可以知道青年职业农民必须提高自身的文化理论知识，实现自身的智力发展；提高自身农业生产技术水平，实现自身劳动能力的发展；同时提高生产经营能力，提高自身创新创业能力。只有这样，青年职业农民的培育才能卓有成效。

2.2.3 可持续发展理论

可持续发展理论提出，人类活动必须与自然协调发展，在对自然界进行开发和利用时，既要顾及当代人的需求和利益，又要考虑到如何为后代留下资源和财富，并协调好人与自然、人与人之间的合作与共生。

青年职业农民培育，也要重视人的全面发展，通过加强他们的智力开发、知识培训、信息利用，加强他们的综合素质，塑造他们的可持续发展观；要在培育中包含可持续发展的观念和做法，倡导他们在农业生产实践中主动处理好人与自然、人与人之间的长期合作与发展。

可持续发展理论旨在正确处理经济、社会、资源和环境的关系，实现协调发展。既要满足人类的需要，充分发展个人，又要保护资源和环境，以免对子孙后代的生存和发展构成威胁。

可持续发展理论的核心思想认为健康的经济发展应建立在生态持续能力、社会公正和人民积极参与自身发展决策的基础上。而培育青年职业农民的理念就是为了提高农民的自身智力和劳动力发展，也符合可持续发展理论的核心思想。

第3章

青年职业农民经营能力与培育现状访谈

3.1 访谈对象与题目设计

3.1.1 访谈对象

1. 青年职业农民访谈

为深入了解青年职业农民经营能力及培育实际情况，收集青年职业农民的一线意见建议，对广西南宁市、柳州市、桂林市，云南文山州广南县，贵州黔西南州册亨县等地参加过新型职业农民培育的典型代表开展了面对面访谈。共计 20 余名受访者接受了访谈。

访谈对象尹某某（为保护受访者隐私，姓名做隐去处理，下同），

第 3 章 青年职业农民经营能力与培育现状访谈

广西壮族自治区桂林市恭城县吉山村人，参加了青年职业农民培训之后，通过土地流转，承包了60多亩的土地种植艾叶，并对艾叶进行加工、包装、销售，形成基地与公司一体化的现代农业模式。他成立恭城瑶族自治县吉山艾草专业合作社，后经上级党组织批准，吉山艾草专业合作社成立了党支部，合作社以发展艾草产业为抓手，通过推行"党支部＋合作社"的两新党建工作模式，把党组织的政治优势与农业产业的经济优势有机结合，实现了党建工作与产业发展、农民增收相互促进的目标。在他的示范带动下，所在村已发展艾叶种植面积近300亩，合作社社员达50人，其中党员7人，种植大户12人，带动了该村27户贫困户发展艾草种植，入社农户亩产效益达5000元。公司拥有厂房5间和一套完整的机械加工设备，树立了恭城县的新产业模式。

10年前，吉安村以砂糖橘种植为主，但是一场柑橘黄龙病，让当地柑橘全军覆没。作为村里的"当家人"，尹某某心里非常着急。一方面是村民没有收入，只能外出打工赚钱，另一方面是年轻人外出，只剩下老人和小孩在家，没人照顾，孤苦伶仃。2013年，尹某某一位对中医颇有研究的朋友告诉他，种艾草能赚钱。对方还说：家有3年艾，不用看医生。半信半疑的尹某某率队去了河南南阳、湖北蕲春考察。他惊讶地发现，当地人真的就是以"草"为生，每家每户都种植艾草。考察回来后，尹某某想：适合外地种植的项目不一定就能合适本地。看着还没有从遭受柑橘黄龙病打击阴影下走出来的村民。尹某某决定先自己试种，成功后再向村民推广。

种艾草，必须要有种苗。为了解决种源问题，尹某某每天上山挖野生艾草回来自己育苗，边育苗边扦插种植了3亩多艾草，当年收获艾草3吨多。2014年他种植了7亩多地，但是因为天气干旱，艾草全部死掉了。尹某某没有气馁，2015年又种植了40亩艾草。不幸的是，那年夏天遇到连续大雨，被淹了20多亩。幸运的是，没被淹的10多亩长得都很好，因此当年还是收获了10吨左右的艾草。在尹某某心里，这10吨收成可不单是艾草，更是发展艾草产业的信心和希望。2016年，尹某某种植了80亩艾草，当年收获艾草40多吨；2017年种植了208亩，收获艾草160多吨。到了2018年，基地已经发展到了280亩，收获艾草达250吨。

2016年，尹某某加工出了第一批艾条，桂林一家养生馆表示要全部购买。尹某某没同意，因为他需要让更多的人了解和体验艾条的好处。他把这批艾条分作三部分，一部分用来做展示，一部分留下来卖给零散客人，一部分卖给养生馆。尹某某在村里带头做艾灸，体验艾灸的好处。体会到艾灸或陈艾的好处后，更多的村民加入到种植艾草的行列。

尹某某发现，在北方艾草1年收获2~3次，但在恭城可以1年收6次，基本上2个月就可以收1次，平均亩产年收入可达3000

元以上，是北方艾草种植收入的 2 倍多。而且恭城是中国长寿之乡，工业少、无污染，具有得天独厚的艾草种植环境。随后，尹某某根据市场需求，除了艾条、艾柱外，还把艾草加工成艾草枕头、艾草茶、艾草泡脚粉等。恭城是瑶族自治县，瑶医瑶药一直是民族瑰宝，尹某某希望将瑶医、瑶药融入艾草系列产品的研发和生产当中去，做成独具特色的南方艾草产品品牌。2016 年，尹某某给自己的产品注册了"吉山瑶艾"商标。2017 年 5 月 5 日，广西工业信息展销会在南宁举行。会上，"吉山瑶艾"吸引了很多客商及消费者的目光。参观者对"吉山瑶艾"系列产品赞叹有加。同年，尹某某又携带"吉山瑶艾"参加了第 14 届中国东盟博览会、第 13 届广西名特优农产品交易会，让"吉山瑶艾"进一步走进人们的视野。2018 年 1 月 11 日，恭城首个社区健康小屋成立。它是依托吉山艾草种植专业合作社恭城店而设立的，由桂林（国际）大健康科技产业联盟恭城分公司和桂林恭城健康科学研究会进行专业指导。2018 年 4 月 14 日上午，以"弘扬传统国学精神、两岸共寻健康之道"为主题的首届中华国学与健康高端论坛在桂林市崇华中医街国学堂开幕。来自各地的专家学者三十余人齐聚一堂，共话中国传统文化传承、中医药事业和健康产业等发展。论坛举办期间，嘉宾们还对桂林的文化、健康产业及中医药事业发展等进行考察交流。与会嘉宾还到吉山村参观吉山瑶艾的生产、加工和制作流程，大家对"吉山瑶艾"系列产品都赞不绝口。

为了让更多人能够通过种植艾草走上致富路，2016年5月，尹某某带头成立了嘉会镇吉山艾草专业合作社，最初入社农户55户，其中贫困户27户。仅仅两年时间，合作社有效带动了入社农户发展艾草种植，入社农户亩产效益达5000元。2016年合作社销售收入41万元，2017年销售收入86万元，目前库存艾草60多吨，制成产品后市场价值200多万元。

2017年，尹某某参加了广西新型职业农民培训，通过培训，他更坚定了自己走特色种植的信心和决心。尹某某表示，下一步要扩大艾草的种植面积。因为一个艾灸馆一个月的艾条需求量就达1~2吨，而时下人们对健康的追求越来越强烈，艾灸馆越开越多，所以对艾草系列产品的需求量相当大。但是，艾草产业发展也有个与普通农业不一样的地方，那就是艾草要收割存放3年后才能加工成艾条。目前，每吨艾草的收购价为3000元，因此资金的积压会比较厉害。为了解决这个问题，尹某某和他的团队决定投资生产艾草精油，生产精油的艾草存放1年就可以了，而且艾草精油的使用范围非常广，市场的需求量也非常大。文本尹某某和他种植的艾叶如图3-1所示。

第3章 青年职业农民经营能力与培育现状访谈

图 3-1 广西尹某某和他种植的艾叶

广西青年职业农民访谈、调查现场部分照片如图 3-2~图 3-7 所示。

图 3-2 广西壮族自治区桂林市某职业农民培训点访谈现场

图 3-3　广西壮族自治区桂林市某职业农民培训点调查现场

图 3-4　广西壮族自治区灌阳县青年职业农民访谈现场

第3章 青年职业农民经营能力与培育现状访谈

图 3-5 广西壮族自治区阳朔县青年职业农民访谈现场

图 3-6 广西壮族自治区柳州市"青创 10 万 +"广西农村青年致富带头人训练营访谈与调查现场

图 3-7　广西壮族自治区南宁市某政府管理部门调研现场

访谈对象陈某某，云南省文山州广南县坝美镇青石村人，在家乡发展养猪产业，年收入 20 余万元。他十几岁就跟着师傅在村子附近搞建筑，勤奋好学的他学了几个月后，掌握了一些建筑知识，没过多久自己就当上了老板，承包农户的房屋修建工作，生意做得有声有色。但随着经济的不断发展，村民们大部分外出务工，挣到钱后，他们在外面买了房子，回老家建房的越来越少。陈某某不甘心，又萌生了养猪的想法。

说做就做，2016 年，陈某某开始养猪，从最初的 10 多头发展到 40 多头，一年下来赚 5 万多元，一家人日子过得很滋润。可好景不长，2018 年突如其来的非洲猪瘟，让老陈的猪"打了水漂"，一下子就损失了 10 多万元。面对这沉重的打击，一家人又背上行囊来到广东打工。

2018年底，他从朋友那里赊了两头小猪来养，再次开启了养殖之路。经过近半年的发展，陈某某养猪的规模越来越大。到2019年底，他不但还清了当初两头小猪仔的本钱，栏里的大小生猪已经有20多头。这时的肥猪价格已经涨到了每斤20元，当年他就赚了10多万元。现在他的生猪存栏已经有40多头，年出栏30多头，一下子成了村里的致富带头人，生意越来越好，年收入达到了20多万元。

在2020年的村组干部换届选举中，陈某某被村民们推选为村小组干部，成了村里的"当家人"。他现在每天就做两件事：一是养好自己的猪；二是走村串户了解村情民意，办好村民的事，为村民服务。他每天努力解决好村民的纠纷，收缴养老保险，了解村民的家庭情况，想办法增加群众的收入等。他为村民做好每一件事，通过自己的示范带动让村民们的生活越来越好，乡村更加美丽。

谈起今后的打算，他说，虽然自己养猪赚了些钱，但养殖规模还不大，还属于小作坊养殖，今后打算进一步扩大养殖规模。他想把农户的土地流转过来，搞生态种养殖，在树林里养殖生态猪。等条件成熟时，成立养猪农民专业合作社，带动村里有发展意愿的农户一起养猪，陈某某和他养殖的生猪如图3-8所示。人生只要有目标，梦想总会实现。目前，老陈已到当地的银行贷了养殖款，打算扩建养猪场,在做好村组干部工作的同时,让自己的产业做大做强,让村民的生活越来越好。

图 3-8 云南陈某某和他养殖的生猪

云南省青年职业农民访谈、调查现场部分照片,如图 3-9 和图 3-10 所示。

第 3 章 青年职业农民经营能力与培育现状访谈

图 3-9 云南省广南县坝美镇青石村村委会大楼前调研现场

图 3-10 云南省广南县坝美镇青石村村委会调研现场

访谈对象王某某，贵州省黔西南布依族苗族自治州册亨县秧坝镇福尧村村民。他说，他们祖祖辈辈都是在这高山河谷间种地为生，习惯了面朝黄土背朝天的生活，靠传统种地方式很难提升家庭生活水平。从前，为了多挣点钱，他只得出远门去打工。

秧坝镇地处册亨中南部，域内峰峦起伏，山林遍地，森林覆盖率高达87%，奇特的"温室效应"使得当地山林里盛产野生灵芝，特别适合发展灵芝、竹荪等林下产业。近年来，册亨县以当地独特的自然生态为依托，决心大力发展灵芝、竹荪等林下菌药产业。得益于此，福尧村也发展了自己的林下菌药产业，面积达3000余亩，这让王某某的生活有了大变化。福尧村有了自己的林下菌药基地，王某某不用出门"远漂"就能找到活干了（见图3-11）。

图3-11 贵州王某某和他采摘的灵芝

"我跟村里150位村民组成了村务工队,大家分工到各个灵芝基地务工。一年下来,每人光是务工收入就能挣到3万多元。"在王某某眼里,不用出远门就能有活干的生活让村民们对未来的好日子有了更多盼头。"希望村里能把灵芝产业发展好,这样大家的生活就都有指望了,把日子过好的信心也就更足了。"王某某说。

近年来,册亨县委、县政府把灵芝、竹荪等林下菌药产业作为重点产业来抓。大力引进外来企业,壮大产业发展,采用"公司+合作社+农户"模式,发展集林下菌药生产、采摘、观光以及康养游玩于一体的现代化产业,带动村民就近就业搞增收。册亨村是全县种植林下灵芝较早而且规模较大的村,也是全县林下灵芝核心种植基地之一,全村森林覆盖率达93.25%。现在,全村林下灵芝、红托竹荪、黑木耳等菌药种植3000多亩,带动300多户818人就业搞增收。第一批种植的100亩灵芝年预计亩产500斤,产值将达400万元左右。政府以每亩50元的价格流转林地,帮助免费除草和翻土,村民除了土地流转的收入,还参与林下菌药的种植,十几天下来,每人能拿到2000多元的务工工资。册亨村另一位王姓村民说,他们明年打算把林地入股到村合作社或公司,并参与林下灵芝的后期管护,这样收入更多些。

以市场为导向,开展订单式生产,通过"龙头企业+合作社+农户"模式,册亨县按需规划种植林下木耳、红托竹荪2.4万亩和林下灵芝6000亩，并建立了县、乡、村农产品销售分级负责机制，积极发挥"农调扶贫险"价格指数险的保障作用，确保"产得出、销得掉、价格好"。同时，积极邀请湖南农业大学食用菌研究所、贵州黔西南喀斯特区域发展研究院等专家组成的"科技先遣队"入村开展技术指导，结合"以工带训，以工带学"等办法，着力将参与前期务工的300余名群众培养为种植能手。目前，秧坝镇后期2.7万亩林下菌药种植已陆续推进，预计到近期，可累计完成种植2万亩，带动以贫困户为主的1.8万名群众实现人均稳定增收2万元以上。

贵州省青年职业农民访谈、调查现场部分照片，如图3-12、图3-13所示。

图3-12 贵州省农业职业学院调研现场

第3章 青年职业农民经营能力与培育现状访谈

图 3-13 贵州省黔西南州册亨县秧坝镇秧坝村村委会调研现场

类似的访谈对象还有很多，如获得"全国农村青年致富带头人""全国农业劳动模范""第二批全国农村创业创新优秀带头人"、省级"青年五四奖章""食用菌种植标兵"等荣誉称号的石某某，从重点大学生物工程专业毕业后选择了回乡自主创业。他认为如今食用菌已成了人们餐桌上不可少的美食，市场卖价好、需求量大，作为生产食用菌原料的农林废弃料容易解决，是一个变废为宝、生产周期比较短的项目，属于可持续发展的循环经济。他刚开始利用自家部分土地和承包农户土地进行食用菌的种植，由于运用科学栽培技术，他首次的食用菌种植尝试就获得了一定的收成。许多农户纷纷仿照也种起食用菌来。为了便于进行先进的科学管理，也为了减少销售成本增强市场竞争力，更是为了能带动乡亲共同致富，他与乡亲们商量成立合作社。现在，合作社发展规模逐年增大，每个农户人年均增收3000元以上，为村里树起了"一村一品"的增收致富品牌。参加青年职业农民培育之后，他深刻地认识到农业必须走一二三产业融合发展之路。他通过参加省农业厅举办的绿色食品内检员培训班学习，获得了中国绿色食品发展中心颁发的内检员证书。他对基地进行绿色食品认证和农产品质量安全追溯系统建设，希望从基地送到消费者餐桌的菌菇是让大家放心食用的绿色食品。他现在正着手菌类农产品的深加工工作，希望通过打造品牌提高基地出产的农产品的溢价能力，让农户种出来的菌菇有一个稳定的收益。此外，他还对品牌打造、农村电子商务、休闲采摘园等方面有了更深刻的认识和理解，并致力于将所学运用到实际生产中去，取得了较为显著的成效。

李某某，建立了3500亩柑橘生产基地，年产柑橘7500吨，产值4200万元，并带动周边2000多户农户种植柑橘，面积达10000亩，还建设了县最大的产品交易市场，将柑橘生产、加工、销售结合起来，增加产品附加值，年处理销售柑橘15000吨。李某某参加培训后，不仅自己致富，还带动周边农户扩大种植，建立种植示范基地，成立合作社，迈出"合作社+基地+农户"的发展之路，很好地实现了"帮贫带富"。当地一些农民不再外出打工，扎根在当地发展农业产业，提高农民就业，促进农民增收。

唐某某的合作社去年实现农机服务和种植年收入503万元，在他致富的同时，也让周边的百姓逐步走上致富的道路。其中，水稻合作社带领种植大户50多户，户年均增收7万多元；散户6000多户，年户均增收1万多元；农机合作社带领农户25户，户年均增收约11万元；马铃薯合作社带领农户30多户，户年均增收1万多元。劳动能力较弱的老人、妇女可以到合作社打零工，也能增加收入。现在合作社和示范基地每年请零工10000余人次，让周边的农民获取工资性收入70多万元。

赖某某是一名女村支部书记，她依托自己的果园，组织本村金橘种植户成立了桂珠金橘专业合作社，迈出"合作社＋基地＋农户"的发展之路。她与大家共同努力，严格按照出口水果标准管护果园，成功申办了出口认证，打开了水果国际市场的大门。从此，阳朔金橘成为国际水果市场的"新锐"。

新型职业农民培育工程启动以来，一批又一批优秀的青年职业农民开始脱贫致富，并发挥"领头雁"的示范功能、组织功能和服务功能，积极推广农业技术，带领农民走上小康路。

2. 青年职业农民培训机构访谈

青年职业农民培训机构访谈，主要了解青年职业农民培训的组织、实施过程及课程设计等内容。

3.1.2 访谈题目设计

（1）根据相关文献和前期的研究基础，编制青年职业农民经营能力提升访谈题目与青年职业农民培育访谈题目，见表 3-1、表 3-2。

表 3-1 青年职业农民经营能力访谈题目设计

序号	访谈问题
1	基本信息（姓名、年龄、学历等）
2	您现在主要从事哪一方面的农业生产经营活动？
3	您的经营有哪些优势，为什么取得成功？
4	您目前的生产经营存在哪些困难？
5	您认为怎样才是善经营？您是如何衡量的？标准是什么？
6	您觉得哪些因素会影响到青年职业农民的经营能力？
7	您认为自己是否能准确判断市场的发展趋势？自己能否准确并正确地做出决策？
8	您认为自己的生产管理能力和销售能力如何？
9	您是否具有抗风险的能力，您是如何应对风险的？
10	您是如何处理信息收集利用及财务问题的（融资、管理资产）？
11	您平时如何进行组织协调与合作，如何进行人员分配？
12	您如何将自己的产品销售出去？
13	您认为自己有何创新之处？您与他人相比的优势在哪？
14	您认为作为青年职业农民是否需要各方面全面发展？应着重培养哪方面的能力？
15	您认为哪些因素限制了自己经营能力的发挥？
16	您认为自己通过什么方式可以较快地提升经营能力？
17	您认为自己如何行动才能激发农民内生动力以提升经营能力？

表 3-2 青年职业农民培育现状访谈题目设计

序号	访谈问题
1	基本信息（姓名、年龄、学历等）
2	您现在主要从事哪一方面的农业生产经营活动？（农林牧渔等）
3	您所在的村县的经济发展情况如何？（相比于其他村县）
4	您是如何加入到职业农民培育中来的？
5	您现在所受到的职业农民培育的主要内容有哪些？
6	您在职业农民培育过程中受到了哪些阻碍？
7	职业农民培育给您带来了什么改变？
8	您认为职业农民培育还有哪些不足？
9	参加职业农民培育后，您的生产经营还存在哪些困难？
10	您所在地的政府对职业农民都提供了哪些政策支持？
11	您对于社会对职业农民培育的支持有哪些需要和期待？
12	您认为培育职业农民是由政府来组织培育更好，还是由企业来组织培育更好？（市场驱动和政府驱动选择趋向）
13	您觉得哪些因素会影响到我们职业农民的培育？
14	您认为怎样才是爱农业？您是如何衡量的？标准是什么？
15	您认为怎样才是懂技术？您是如何衡量的？标准是什么？
16	您认为怎样才是善经营？您是如何衡量的？标准是什么？

（2）青年职业农民培训机构访谈问题设计。

青年职业农民培训机构访谈问题主要包括：青年职业农民培训的组织实施过程如何？培训总体效果如何？青年职业农民培训课程如何设计？

3.2 访谈结果

1. 青年职业农民访谈结果

（1）青年职业农民经营能力访谈

出于保密要求，为保护受访者隐私，姓名做隐去处理，另有部分信息不完整，但不影响整体访谈结果。挑选部分受访者访谈信息选摘如表 3-3~ 表 3-7 所示。

表 3-3 青年职业农民经营能力访谈信息选摘

序号	访谈问题	回答摘要
1	基本信息	周某某，37 岁，农村户籍，初中学历
2	从事哪些方面的农业生产经营活动	合作社主要产出稻谷。合作社与米厂形成联合体，同时也在搞"禾下鱼"养殖
3	生产经营存在哪些困难	文化程度有限，缺乏总结能力，理论认识深度不够，劳动力不足，自然环境差
4	怎样才是善经营？您是如何衡量的？标准是什么	拥有新观念、渴求新技术，重视践行创新，注重新观念、新技术的应用
5	哪些因素会影响到青年职业农民的经营能力	政策支持，利益趋向和文件解读能力
6	自己是否能准确判断市场发展趋势？如何获取信息	自己能够比较准确地判断市场发展趋势。平常通过手机上网就能获取信息
7	青年职业农民与市场之间应该是怎样的关系	青年职业农民是被市场利益驱动进行农业生产经营活动
8	是否具有抗风险的能力，是如何应对风险的	抗风险意识能力重要性一般，自身抗风险意识能力也一般，主要还是"见招拆招"
9	如何处理财务问题的	聘请专业会计做财务报表，投资者进行复核

第3章 青年职业农民经营能力与培育现状访谈

（续表）

10	平时如何与组织协调，如何进行人员分配	平常管理以关系型领导方式为主
11	如何将自己的产品销售出去	与米厂建立了稳定的合作关系
12	自己有何创新之处？您与他人相比的优势在哪	创新在设立试验田做生产预测，优势在于合作社与米厂达成合作协议，销售渠道稳定，风险较小；生产技术迭代快；负责人具有非常强的前瞻意识，观念新颖
13	青年职业农民是否需要各方面全面发展？应着重培养哪方面的能力	全面化学习难度太大，不适合现在的农民且没有必要。应着重培养政策、资料的阅读理解能力
14	哪些因素限制了经营能力的发挥	资金短缺、新冠疫情、专业人才不足
15	自己通过什么方式可以提升经营能力	热爱农业，有敏锐的市场嗅觉，抓住可能盈利的点，针对这些点开展生产经营活动
16	目前乡村青年人才劳动力的现状如何	青年农民急于摆脱农民身份，不愿意留在农村发展，人才流失现象比较严重
17	如何激发农民内生动力以提升经营能力	政府确保补贴资金到位，青年职业农民自身应该热爱农业，同时需要有敏锐的市场嗅觉，抓住可能盈利的点

表3-4 青年职业农民经营能力访谈信息选摘

序号	访谈问题	回答摘要
1	基本信息	蒋某某，高中学历，城市户籍
2	从事哪些方面的农业生产经营活动	生产山茶油并进行销售
3	生产经营存在哪些困难	销售路径单一，宣传力度不够，资金不足。
4	怎样才是善经营？您是如何衡量的？标准是什么	具有一套完整的生产流程

(续表)

5	哪些因素会影响到青年职业农民的经营能力	受教育的程度、政策支持、法律保障、对现代化技术的了解程度、领导及沟通能力
6	自己是否能准确判断市场发展趋势？如何获取信息的	基本可以判断市场的发展趋势，通过国家政策、与同行人之间的交流来获取信息
7	青年职业农民与市场之间应该是怎样的关系	市场的需求来决定农民种植规模
8	是否具有抗风险的能力，是如何应对风险的	抗风险意识和能力较强。购买保险来应对风险
9	如何处理财务问题的	聘请专业的财务人员，对每年的财务状况进行整理，然后交由董事长审查
10	平时如何与组织协调，如何进行人员分配	根据不同的职位设置不同的培训内，各司其职
11	如何将自己的产品销售出去	散装买卖、与上海等厂家合作，和中国好产品合作销售
12	自己有何创新之处？您与他人相比的优势在哪	严抓产品质量，重视生产安全，企业有专门技术人员
13	青年职业农民是否需要各方面全面发展？应着重培养哪方面的能力	不需要进行全面发展，着重对专业养殖知识、经营管理知识与技能、行业内先进经验等进行培训
14	哪些因素限制了经营能力的发挥	知名度不高，销售渠道单一
15	自己通过什么方式可以提升经营能力	设定长远的目标并为之努力，资金的扶持，掌握好专业知识与管理知识，加强对自身的要求，不断学习，多参加专业知识等培训
16	目前乡村青年人才劳动力的现状如何	青年人才匮乏
17	如何激发农民内生动力以提升经营能力	政府组织培训给予一定的政策扶持，加大宣传的力度，将品牌宣传出去，加强教育力度。个人给自己设定长远的目标并为之努力，掌握好专业知识与管理知识，加强对自身的要求，不断学习

第3章 青年职业农民经营能力与培育现状访谈

表 3-5 青年职业农民经营能力访谈信息选摘

序号	访谈问题	回答摘要
1	基本信息	卿某某，45 岁，中专学历，农村户籍
2	从事哪些方面的农业生产经营活动	良种肉牛繁育与饲养管理，生鲜牛肉销售，牛肉的深加工，肉牛胚胎生物技术的开发研究与技术服务；优质牧草种植与饲料加工技术的研究与开发
3	生产经营存在哪些困难	资金短缺，市场需求大，生产周期长，牛贩子较多，容易影响销路
4	怎样才是善经营？您是如何衡量的？标准是什么	具有一定的经济收入来源；具有自己的经营经验，能够销售出去
5	哪些因素会影响到青年职业农民的经营能力	自主学习能力，政府政策支持
6	自己是否能准确判断市场发展趋势？如何获取信息的	较能准确判断市场发展趋势，通过同行之间的交流来获取相关信息
7	青年职业农民与市场之间应该是怎样的关系	相互促进，相互需要的关系
8	是否具有抗风险的能力，是如何应对风险的	具有，每年会提前预测需要的牛的数量，规避风险
9	如何处理财务问题的	找具有相关技能的公司，专业的事情交给专业的人员来做
10	平时如何与组织协调，如何进行人员分配	主要是利益驱动，每个员工做自己该做的事情；各司其职
11	如何将自己的产品销售出去	和力源超市合作，为力源超市提供优质牛源；与贺州公司合作
12	自己有何创新之处？您与他人相比的优势在哪	品种改良，饲养方法创新，牛是有品牌的
13	青年职业农民是否需要各方面全面发展？应着重培养哪方面的能力	需要，礼仪方面都需要学习，每个能力之间都有相互促进的作用
14	哪些因素限制了你们经营能力的发挥	资金不足，银行贷款存在一些障碍

(续表)

15	自己通过什么方式可以提升经营能力	参加政府相关的专业培训，通过自学及同行之间经验的分享获取有用的信息，向专业人才或老师学习
16	目前乡村青年人才劳动力的现状如何	乡村青年人才较为稀缺
17	如何激发农民内生动力以提升经营能力	政府加强培训教育

表3-6 青年职业农民经营能力访谈信息选摘

序号	访谈问题	回答摘要
1	基本信息	罗某某，41岁，初中学历，农村户籍
2	从事哪些方面的农业生产经营活动	从事养猪工作
3	生产经营存在哪些困难	资金短缺，疫情影响，饲养人员的专业知识掌握不够全面
4	怎样才是善经营？您是如何衡量的？标准是什么	选取好品种的猪崽进行养殖；与公司合作；有专门的收购商
5	哪些因素会影响到青年职业农民的经营能力	政策支持，有效的服务指导，对现代化技术的了解程度，职业技能，市场运营能力
6	自己是否能准确判断市场发展趋势？如何获取信息的	基本可以判断市场发展趋势。通过政策解读、与总公司交流、与同行业人员沟通交流来获取信息
7	青年职业农民与市场之间应该是怎样的关系	是一种相互影响的关系
8	是否具有抗风险的能力，是如何应对风险的	抗风险意识能力一般，做好事前防范工作，从源头避免意外的发生
9	如何处理财务问题的	有专门的会计做账
10	平时如何与组织协调，如何进行人员分配	做好组织管理工作，公司人员精简，且分工明确

第3章 青年职业农民经营能力与培育现状访谈

(续表)

11	如何将自己的产品销售出去	与公司合作,通过公司或者朋友介绍等方式收购产品,通过养猪的圈子,分享信息
12	自己有何创新之处？您与他人相比的优势在哪	创新能力水平一般。优势在于有相当成熟完备的生产管理、经营管理系统
13	青年职业农民是否需要各方面全面发展？应着重培养哪方面的能力	青年职业农民的培训应该专业化,有利于自己的企业发展,也利于其他人学到真本事
14	哪些因素限制了你们经营能力的发挥	资金短缺和成本较高
15	自己通过什么方式可以提升经营能力	保持对新知识、新技能、新技术的渴望,积极学习,保证不落伍
16	目前乡村青年人才劳动力的现状如何	人才流失较为严重
17	如何激发农民内生动力以提升经营能力	政府统一组织的生产技能培训,个人要保持对新知识、新技能、新技术的渴望,积极学习,保证不落伍

表 3-7 青年职业农民经营能力访谈信息选摘

序号	访谈问题	回答摘要
1	基本信息	戴某某,35 岁,初中学历,农村户籍
2	从事哪些方面的农业生产经营活动	小麦、水稻,花卉苗木,砂糖橘的销售
3	生产经营存在哪些困难	土壤破坏严重,资金投入回笼资金过长,深加工产品的周期较长
4	怎样才是善经营？您是如何衡量的？标准是什么	能够带来长久利润,衡量的标准就是看企业的走势,经营模式的盈亏
5	哪些因素会影响到青年职业农民的经营能力	政策的支持,自身对现代化技术的了解程度、职业技能和领导及沟通能力

(续表)

6	自己是否能准确判断市场发展趋势？如何获取信息的	能够准确地判断市场优势。从政府政策的解读；与农科院、林科院交流合作；调研市场取得信息
7	青年职业农民与市场之间应该是怎样的关系	相互促进，相互提升的关系
8	是否具有抗风险的能力，是如何应对风险的	具有一定的抗风险能力，经营不同的产品增大抗风险的能力
9	如何处理财务问题的	自己钻研，每一个季度统计一次财务报表
10	平时如何与组织协调，如何进行人员分配	组织临时的工人进行种植，按照日工资结算，量产进行
11	如何将自己的产品销售出去	跑市场，找客户，通过老客户介绍
12	自己有何创新之处？您与他人相比的优势在哪	有胆识谋略，做事不畏首畏尾，擅于在失败中总结经验，喜欢与专业人士和合作伙伴沟通交流
13	青年职业农民是否需要各方面全面发展？应着重培养哪方面的能力	不需要全面发展，重点培养与自己经营方向相关的能力
14	哪些因素限制了你们经营能力的发挥	资金问题
15	自己通过什么方式可以提升经营能力	和专业的人员，成功人士交流学习经验，通过网络学习知识，学习技术弥补短板
16	目前乡村青年人才劳动力的现状如何	劳动力缺失
17	如何激发农民内生动力以提升经营能力	政府和专业社会培训机构组织交流学习

（2）青年职业农民培育现状访谈

出于保密要求，为保护受访者隐私，姓名做隐去处理，另有部分信息不完整，但不影响整体访谈结果。挑选部分受访者访谈信息选摘如表 3-8~表 3-25 所示。

第3章 青年职业农民经营能力与培育现状访谈

表 3-8 青年职业农民培育现状访谈信息选摘

序号	访谈问题	回答摘要
1	基本信息	女，广西人
2	从事哪些方面的农业生产经营活动	养猪（100多头），成本1800元一头；来是在打工
3	所在的村县的经济发展情况如何	村民主要从事种植与养殖业
4	如何加入到职业农民培育中	政府直接给已经创业的人打电话
5	职业农民培育的主要内容	都是理论知识，没有教如何养猪
6	职业农民培育中受到的阻碍	无
7	职业农民培育带来了什么改变	认识了很多的同行，大家互相分享经验
8	职业农民培育还有哪些不足	理论上的知识对实际生活没有用
9	参加职业农民培育后生产经营还存在哪些困难	一是资金困难，场地自费；二是产品自产自销，政府没有提供销路渠道
10	政府对职业农民提供了哪些政策支持	政府以奖代补的形式，400块钱一头的补助，6000元封顶
11	对于社会对职业农民培育的支持有哪些需要和期待	无
12	培育职业农民是由政府组织培育更好还是由企业组织培育更好	没有企业培育，只有政府
13	哪些因素会影响到职业农民培育	政府
14	怎样才是爱农业，如何衡量的，标准是什么	认真细心做好每一件事，从每个细节出发做事
15	怎样才是懂技术，如何衡量的，标准是什么	要一点一点吸取经验
16	怎样才是善经营，如何衡量的，标准是什么	要保证猪肉的品质，吸引广大消费者

表 3-9 青年职业农民培育现状访谈信息选摘

序号	访谈问题	回答摘要
1	基本信息	男，广西人
2	从事哪些方面的农业生产经营活动	种植小型无籽西瓜
3	所在的村县的经济发展情况如何	较好，大多种植西红柿、辣椒、药材等，贫困户不是很多，一起带动生产
4	如何加入到青年职业农民培育中	政府直接给已经创业的人打电话
5	职业农民培育的主要内容	政府经验，技术交流，市场营销，大范围地讲种植理论
6	职业农民培育中受到的阻碍	对家里的种植影响，误工了，时间长了，家里没人管理，在这里培育两个星期
7	职业农民培育带来了什么改变	技术提升，弄得怎样更好销售西瓜
8	职业农民培育还有哪些不足	太偏理论，学习加实地考察相结合的方法较好
9	参加职业农民培育后生产经营还存在哪些困难	无
10	政府对职业农民提供了哪些政策支持	帮扶政策，帮修路，提供大棚，肥料技术，基地设施建设，农机补助
11	对于社会对职业农民培育的支持有哪些需要和期待	无
12	培育职业农民是由政府组织培育更好还是由企业组织培育更好	自产自销，没有企业培育
13	哪些因素会影响到职业农民培育	政府
14	怎样才是爱农业，如何衡量的，标准是什么	做好本行工作，带动周边贫困户，一起致富
15	怎样才是懂技术，如何衡量的，标准是什么	多学，多问，多看
16	怎样才是善经营，如何衡量的，标准是什么	通过亲戚关系找销路

第3章 青年职业农民经营能力与培育现状访谈

表 3-10 青年职业农民培育现状访谈信息选摘

序号	访谈问题	回答摘要
1	基本信息	女，广西人
2	从事哪些方面的农业生产经营活动	五亩蓝莓
3	所在的村县的经济发展情况如何	不是很好，很多人没事做
4	如何加入到职业农民培育中	政府安排
5	职业农民培育的主要内容	-
6	职业农民培育中受到的阻碍	无
7	职业农民培育带来了什么改变	考虑事情更全面
8	职业农民培育还有哪些不足	无
9	参加职业农民培育后生产经营还存在哪些困难	无
10	政府对职业农民提供了哪些政策支持	化肥钱，一亩补助1500
11	对于社会对职业农民培育的支持有哪些需要和期待	无
12	培育职业农民是由政府组织培育更好还是由企业组织培育更好	政府
13	哪些因素会影响到职业农民培育	政府
14	怎样才是爱农业，如何衡量的，标准是什么	-
15	怎样才是懂技术，如何衡量的，标准是什么	-
16	怎样才是善经营，如何衡量的，标准是什么	-

表 3-11 青年职业农民培育现状访谈信息选摘

序号	访谈问题	回答摘要
1	基本信息	男，广西人
2	从事哪些方面的农业生产经营活动	合作社，种植+加工，如红薯、辣椒等
3	所在的村县的经济发展情况如何	一个村一个合作社，刚刚起步
4	如何加入到职业农民培育中	政府直接给已经创业的人打电话
5	职业农民培育的主要内容	管理、销售
6	职业农民培育中受到的阻碍	无
7	职业农民培育带来了什么改变	学会网上销售
8	职业农民培育还有哪些不足	不细化
9	参加职业农民培育后生产经营还存在哪些困难	无
10	政府对职业农民提供了哪些政策支持	政府提供百分之八十资金建立合作社
11	对于社会对职业农民培育的支持有哪些需要和期待	无
12	培育职业农民是由政府组织培育更好还是由企业组织培育更好	政府
13	哪些因素会影响到职业农民培育	无
14	怎样才是爱农业，如何衡量的，标准是什么	-
15	怎样才是懂技术，如何衡量的，标准是什么	-
16	怎样才是善经营，如何衡量的，标准是什么	-

第3章 青年职业农民经营能力与培育现状访谈

表 3-12 青年职业农民培育现状访谈信息选摘

序号	访谈问题	回答摘要
1	基本信息	男，广西人
2	从事哪些方面的农业生产经营活动	竹鼠
3	所在的村县的经济发展情况如何	不好，刚刚起步
4	如何加入到职业农民培育中	村里面的推荐
5	职业农民培育的主要内容	网络销售
6	职业农民培育中受到的阻碍	无
7	职业农民培育带来了什么改变	网络销售，提高素质
8	职业农民培育还有哪些不足	理论知识不够多
9	参加职业农民培育后生产经营还存在哪些困难	希望政府能在资金上扶持
10	政府对职业农民提供了哪些政策支持	一直都没有支持
11	对于社会对职业农民培育的支持有哪些需要和期待	无
12	培育职业农民是由政府组织培育更好还是由企业组织培育更好	政府
13	哪些因素会影响到职业农民培育	没有影响
14	怎样才是爱农业，如何衡量的，标准是什么	有恒心，坚持，多问多调查，主动学习
15	怎样才是懂技术，如何衡量的，标准是什么	多学多问
16	怎样才是善经营，如何衡量的，标准是什么	-

表 3-13 青年职业农民培育现状访谈信息选摘

序号	访谈问题	回答摘要
1	基本信息	男，广西人
2	从事哪些方面的农业生产经营活动	四十亩猕猴桃；合作社九个人
3	所在的村县的经济发展情况如何	不怎么样
4	如何加入到职业农民培育中	政府安排
5	职业农民培育的主要内容	-
6	职业农民培育中受到的阻碍	无
7	职业农民培育带来了什么改变	无
8	职业农民培育还有哪些不足	无
9	参加职业农民培育后生产经营还存在哪些困难	愁销路
10	政府对职业农民提供了哪些政策支持	组织来培训。扶贫，补贴
11	对于社会对职业农民培育的支持有哪些需要和期待	无
12	培育职业农民是由政府组织培育更好还是由企业组织培育更好	-
13	哪些因素会影响到职业农民培育	没有影响
14	怎样才是爱农业，如何衡量的，标准是什么	-
15	怎样才是懂技术，如何衡量的，标准是什么	-
16	怎样才是善经营，如何衡量的，标准是什么	-

第 3 章 青年职业农民经营能力与培育现状访谈

表 3-14 青年职业农民培育现状访谈信息选摘

序号	访谈问题	回答摘要
1	基本信息	男,云南人
2	从事哪些方面的农业生产经营活动	种甘蔗、生姜
3	所在的村县的经济发展情况如何	一般
4	如何加入到职业农民培育中	政府安排
5	职业农民培育的主要内容	防病防虫
6	职业农民培育中受到的阻碍	种地比外出打工赚钱少
7	职业农民培育带来了什么改变	甘蔗病害减少了
8	职业农民培育还有哪些不足	无
9	参加职业农民培育后生产经营还存在哪些困难	小孩上学要钱,种地钱少,打算外出打工赚钱
10	政府对职业农民提供了哪些政策支持	有老师来讲课
11	对于社会对职业农民培育的支持有哪些需要和期待	无
12	培育职业农民是由政府组织培育更好还是由企业组织培育更好	政府
13	哪些因素会影响到职业农民培育	没有影响
14	怎样才是爱农业,如何衡量的,标准是什么	-
15	怎样才是懂技术,如何衡量的,标准是什么	有一门手艺
16	怎样才是善经营,如何衡量的,标准是什么	-

表 3-15 青年职业农民培育现状访谈信息选摘

序号	访谈问题	回答摘要
1	基本信息	男，云南人
2	从事哪些方面的农业生产经营活动	合作社，养羊
3	所在的村县的经济发展情况如何	比其他村子高
4	如何加入到职业农民培育中	政府安排
5	职业农民培育的主要内容	知识
6	职业农民培育中受到的阻碍	无
7	职业农民培育带来了什么改变	无
8	职业农民培育还有哪些不足	无
9	参加职业农民培育后生产经营还存在哪些困难	担心羊不好卖
10	政府对职业农民提供了哪些政策支持	培训
11	对于社会对职业农民培育的支持有哪些需要和期待	无
12	培育职业农民是由政府组织培育更好还是由企业组织培育更好	政府
13	哪些因素会影响到职业农民培育	没有影响
14	怎样才是爱农业，如何衡量的，标准是什么	养好羊
15	怎样才是懂技术，如何衡量的，标准是什么	-
16	怎样才是善经营，如何衡量的，标准是什么	-

第 3 章 青年职业农民经营能力与培育现状访谈

表 3-16 青年职业农民培育现状访谈信息选摘

序号	访谈问题	回答摘要
1	基本信息	男，云南人
2	从事哪些方面的农业生产经营活动	养羊、养猪
3	所在的村县的经济发展情况如何	比较好
4	如何加入到职业农民培育中	政府安排
5	职业农民培育的主要内容	专业知识、技术
6	职业农民培育中受到的阻碍	无
7	职业农民培育带来了什么改变	无
8	职业农民培育还有哪些不足	无
9	参加职业农民培育后生产经营还存在哪些困难	无
10	政府对职业农民提供了哪些政策支持	每年都有组织培训
11	对于社会对职业农民培育的支持有哪些需要和期待	无
12	培育职业农民是由政府组织培育更好还是由企业组织培育更好	政府
13	哪些因素会影响到职业农民培育	没有影响
14	怎样才是爱农业，如何衡量的，标准是什么	多花时间
15	怎样才是懂技术，如何衡量的，标准是什么	花精力去学习
16	怎样才是善经营，如何衡量的，标准是什么	买的多，价格高

表 3-17 青年职业农民培育现状访谈信息选摘

序号	访谈问题	回答摘要
1	基本信息	女，云南人
2	从事哪些方面的农业生产经营活动	合作社，养羊
3	所在的村县的经济发展情况如何	比较好，村里养羊养猪的收入都比较高
4	如何加入到职业农民培育中	政府安排
5	职业农民培育的主要内容	养殖的知识
6	职业农民培育中受到的阻碍	无
7	职业农民培育带来了什么改变	能跟大家一起交流养殖技术
8	职业农民培育还有哪些不足	无
9	参加职业农民培育后生产经营还存在哪些困难	羊肉价格低
10	政府对职业农民提供了哪些政策支持	请了科技教育职业培训学校的老师来讲课
11	对于社会对职业农民培育的支持有哪些需要和期待	羊肉价格提高一点
12	培育职业农民是由政府组织培育更好还是由企业组织培育更好	政府
13	哪些因素会影响到职业农民培育	价格
14	怎样才是爱农业，如何衡量的，标准是什么	用心投入养殖
15	怎样才是懂技术，如何衡量的，标准是什么	多学习
16	怎样才是善经营，如何衡量的，标准是什么	-

第3章 青年职业农民经营能力与培育现状访谈

表 3-18 青年职业农民培育现状访谈信息选摘

序号	访谈问题	回答摘要
1	基本信息	女，云南人
2	从事哪些方面的农业生产经营活动	参加合作社，养羊
3	所在的村县的经济发展情况如何	比较好
4	如何加入到职业农民培育中	政府安排
5	职业农民培育的主要内容	-
6	职业农民培育中受到的阻碍	无
7	职业农民培育带来了什么改变	无
8	职业农民培育还有哪些不足	理论知识太多，缺乏实践
9	参加职业农民培育后生产经营还存在哪些困难	无
10	政府对职业农民提供了哪些政策支持	每年都有培训
11	对于社会对职业农民培育的支持有哪些需要和期待	无
12	培育职业农民是由政府组织培育更好还是由企业组织培育更好	政府
13	哪些因素会影响到职业农民培育	合作社的规模
14	怎样才是爱农业，如何衡量的，标准是什么	-
15	怎样才是懂技术，如何衡量的，标准是什么	勤学好问
16	怎样才是善经营，如何衡量的，标准是什么	-

表 3-19　青年职业农民培育现状访谈信息选摘

序号	访谈问题	回答摘要
1	基本信息	女，云南人
2	从事哪些方面的农业生产经营活动	种茶叶
3	所在的村县的经济发展情况如何	一般
4	如何加入到职业农民培育中	政府安排
5	职业农民培育的主要内容	-
6	职业农民培育中受到的阻碍	无
7	职业农民培育带来了什么改变	无
8	职业农民培育还有哪些不足	无
9	参加职业农民培育后生产经营还存在哪些困难	找人收购茶叶
10	政府对职业农民提供了哪些政策支持	没有支持
11	对于社会对职业农民培育的支持有哪些需要和期待	运输方便一些
12	培育职业农民是由政府组织培育更好还是由企业组织培育更好	政府
13	哪些因素会影响到职业农民培育	天气，还要有老板来收购
14	怎样才是爱农业，如何衡量的，标准是什么	-
15	怎样才是懂技术，如何衡量的，标准是什么	-
16	怎样才是善经营，如何衡量的，标准是什么	-

第3章 青年职业农民经营能力与培育现状访谈

表 3-20 青年职业农民培育现状访谈信息选摘

序号	访谈问题	回答摘要
1	基本信息	男，贵州人
2	从事哪些方面的农业生产经营活动	种植杉树、黑木耳
3	所在的村县的经济发展情况如何	经济发展良好，能带动同村群众创业
4	如何加入到职业农民培育中	政府安排
5	职业农民培育的主要内容	政府经验、技术交流、市场营销、大范围的种植理论
6	职业农民培育中受到的阻碍	无
7	职业农民培育带来了什么改变	认识了很多的同行，分享经验
8	职业农民培育还有哪些不足	无
9	参加职业农民培育后生产经营还存在哪些困难	希望政府能在资金上扶持
10	政府对职业农民提供了哪些政策支持	组织培训、扶贫、发补贴
11	对于社会对职业农民培育的支持有哪些需要和期待	政府安排技术人员到村里培训及指导工作
12	培育职业农民是由政府组织培育更好还是由企业组织培育更好	政府
13	哪些因素会影响到职业农民培育	无
14	怎样才是爱农业，如何衡量的，标准是什么	做好本行工作，带动周围贫困户一起致富
15	怎样才是懂技术，如何衡量的，标准是什么	多学，多问，多看
16	怎样才是善经营，如何衡量的，标准是什么	找亲戚关系找销路

表 3-21 青年职业农民培育现状访谈信息选摘

序号	访谈问题	回答摘要
1	基本信息	男，贵州人
2	从事哪些方面的农业生产经营活动	回村养鸡，3000 只；种植杉木
3	所在的村县的经济发展情况如何	-
4	如何加入到职业农民培育中	政府安排通知
5	职业农民培育的主要内容	网络、电商、技术交流
6	职业农民培育中受到的阻碍	无
7	职业农民培育带来了什么改变	（提升）本地销售（量）
8	职业农民培育还有哪些不足	无
9	参加职业农民培育后生产经营还存在哪些困难	希望政府能在资金上扶持
10	政府对职业农民提供了哪些政策支持	帮修路，农机补助
11	对于社会对职业农民培育的支持有哪些需要和期待	交流技术指导
12	培育职业农民是由政府组织培育更好还是由企业组织培育更好	政府
13	哪些因素会影响到职业农民培育	自产自销，觉（得）无影响
14	怎样才是爱农业，如何衡量的，标准是什么	多学习，一起致富
15	怎样才是懂技术，如何衡量的，标准是什么	多学，多问，多看
16	怎样才是善经营，如何衡量的，标准是什么	消费者（主动）上门购买

第3章 青年职业农民经营能力与培育现状访谈

表3-22 青年职业农民培育现状访谈信息选摘

序号	访谈问题	回答摘要
1	基本信息	女，贵州人
2	从事哪些方面的农业生产经营活动	种地；种杉木
3	所在的村县的经济发展情况如何	-
4	如何加入到职业农民培育中	政府安排并通知
5	职业农民培育的主要内容	网络
6	职业农民培育中受到的阻碍	无
7	职业农民培育带来了什么改变	种植成熟后有销路
8	职业农民培育还有哪些不足	无
9	参加职业农民培育后生产经营还存在哪些困难	资金
10	政府对职业农民提供了哪些政策支持	无
11	对于社会对职业农民培育的支持有哪些需要和期待	技术指导
12	培育职业农民是由政府组织培育更好还是由企业组织培育更好	政府
13	哪些因素会影响到职业农民培育	无
14	怎样才是爱农业，如何衡量的，标准是什么	多花时间
15	怎样才是懂技术，如何衡量的，标准是什么	-
16	怎样才是善经营，如何衡量的，标准是什么	-

表 3-23　青年职业农民培育现状访谈信息选摘

序号	访谈问题	回答摘要
1	基本信息	女，贵州人
2	从事哪些方面的农业生产经营活动	在村里养殖
3	所在的村县的经济发展情况如何	个人企业，发展一般
4	如何加入到职业农民培育中	政府安排
5	职业农民培育的主要内容	网络、电商、高效技术交流
6	职业农民培育中受到的阻碍	无
7	职业农民培育带来了什么改变	无
8	职业农民培育还有哪些不足	无
9	参加职业农民培育后生产经营还存在哪些困难	无
10	政府对职业农民提供了哪些政策支持	无
11	对于社会对职业农民培育的支持有哪些需要和期待	无
12	培育职业农民是由政府组织培育更好还是由企业组织培育更好	政府
13	哪些因素会影响到职业农民培育	无
14	怎样才是爱农业，如何衡量的，标准是什么	能够完善做事，大家一起致富
15	怎样才是懂技术，如何衡量的，标准是什么	多学习，多多走动视察
16	怎样才是善经营，如何衡量的，标准是什么	一般都要把食物带到市场消费

第 3 章　青年职业农民经营能力与培育现状访谈

表 3-24　青年职业农民培育现状访谈信息选摘

序号	访谈问题	回答摘要
1	基本信息	男，贵州人
2	从事哪些方面的农业生产经营活动	合作社，养鸡
3	所在的村县的经济发展情况如何	一般
4	如何加入到职业农民培育中	政府安排
5	职业农民培育的主要内容	网络销售
6	职业农民培育中受到的阻碍	无
7	职业农民培育带来了什么改变	学习了技术
8	职业农民培育还有哪些不足	培训去县里，多的时候一到两个月 1 次（路程费时）
9	参加职业农民培育后生产经营还存在哪些困难	无
10	政府对职业农民提供了哪些政策支持	组织来培训；发补贴
11	对于社会对职业农民培育的支持有哪些需要和期待	多一些跟专家交流机会
12	培育职业农民是由政府组织培育更好还是由企业组织培育更好	政府
13	哪些因素会影响到职业农民培育	无
14	怎样才是爱农业，如何衡量的，标准是什么	-
15	怎样才是懂技术，如何衡量的，标准是什么	多学多问
16	怎样才是善经营，如何衡量的，标准是什么	-

表 3-25 青年职业农民培育现状访谈信息选摘

序号	访谈问题	回答摘要
1	基本信息	女，贵州人
2	从事哪些方面的农业生产经营活动	养鸡、鸭
3	所在的村县的经济发展情况如何	已脱贫
4	如何加入到职业农民培育中	政府安排
5	职业农民培育的主要内容	-
6	职业农民培育中受到的阻碍	无
7	职业农民培育带来了什么改变	无
8	职业农民培育还有哪些不足	无
9	参加职业农民培育后生产经营还存在哪些困难	无
10	政府对职业农民提供了哪些政策支持	专业人员讲课培训
11	对于社会对职业农民培育的支持有哪些需要和期待	无
12	培育职业农民是由政府组织培育更好还是由企业组织培育更好	政府
13	哪些因素会影响到职业农民培育	无
14	怎样才是爱农业，如何衡量的，标准是什么	-
15	怎样才是懂技术，如何衡量的，标准是什么	-
16	怎样才是善经营，如何衡量的，标准是什么	-

2. 青年职业农民培训机构访谈结果

广西某青年职业农民培训机构的课程安排如表 3-26~表 3-29 所示。

第 3 章　青年职业农民经营能力与培育现状访谈

表 3-26　第一阶段课堂授课阶段——公共基础知识

课程类型	日期	时间	课程内容	师资	备注
公共基础知识	第一天	14:30~17:30	报到，领取培训资料		
	第二天	8:30~12:00	开班仪式，领导致辞，扶贫攻坚政策解读，合影		
		14:30~17:30	扶贫开发政策及创业扶持政策解读		
	第三天	8:30~12:00	分组、农村创业者自画像		
		14:30~17:30	创业经验汇报、已有农村创业骨干案例发布公众号		根据进度具体安排
	第四天	8:30~12:00	创新创业基础知识		
		14:30~17:30	农村创业路线图与行动指南		
		19:00~21:00	创业经验交流		根据进度具体安排
	第五天	8:30~12:00	让农村经济插上互联网的翅膀		
		14:30~17:30	《创业计划书》的撰写		
		19:00~21:00	创业经验交流		根据课程进度具体安排

表 3-27 第二阶段课堂授课阶段——技能实训

课程类型	日期	时间	课程内容	师资	备注
技能实训	第六天	8:30~12:00	大学生与农村创业家结构，选出50个积极优秀的学员参与桂林理工大学《创业学》课程，和大学生进行互动		
		14:30~17:30	创业经验汇报，进一步丰富公众号典型案例		
	第七天	8:30~12:00	农民创业创新技能实训与课堂互动		
		14:30~17:30			
	第八天	8:30~12:00	选拔优秀学员路演		
		14:30~17:30			

表 3-28 第三阶段课堂授课阶段——能力拓展

课程类型	日期	时间	课程内容	师资	备注
能力拓展	第九天	8:30~12:00	企业实地调研实习		根据课程进度具体安排
		14:30~17:30			
	第十天	8:30~17:30	企业实地调研学习及返程		

表 3-29　第四阶段课外授课阶段——下乡教学与实践指导

课程类型	日期	时间	课程内容	师资	备注
下乡教学和实践指导	第一天	8:30~17:30	对学员进行实地调研，结合实际，对学员的企业发展方向提出战略性指导意见		全程录制调研视频
	第二天	8:30~17:30	对学员进行实地调研，结合实际，对学员的企业发展方向提出战略性指导意见		全程录制调研视频
	第三天	8:30~17:30	对学员进行实地调研，结合实际，对学员的企业发展方向提出战略性指导意见		全程录制调研视频
	第四天	8:30~17:30	对学员企业资料进行收集分析，实地指导学员将《农村创业计划书》《改善企业行动计划书》《帮扶脱贫行动计划书》转化为行动		
	第五天	8:30~17:30	对学员企业资料进行收集分析，实地指导学员将《农村创业计划书》《改善企业行动计划书》《帮扶脱贫行动计划书》转化为行动		
	第六天	8:30~17:30	对学员企业资料进行收集分析，实地指导学员将《农村创业计划书》《改善企业行动计划书》《帮扶脱贫行动计划书》转化为行动		

云南某职业农民培训机构的培训安排与培训内容如下。

培训内容：职业农民创业心态、农村劳务经纪人、农村电子商务知识、畜禽养殖技术

培训时间：2021年3月22日至2021年3月27日

培训地点：坝美镇青石村村委会

培训教师：云南省科技教育职业培训学校老师

培训课时：理论36课时，实作12课时

贵州某职业农民培训机构的培训安排与培训内容如下（见表3-30）。

培训时间：2019年10月31日上午9:00报到，2019年10月31日至2019年11月1日培训，共计2天

培训地点：贵阳航天酒店（花溪区小河开发大道辽河路三江派出所对面）

培训内容：合作社规范化提升；农产品品牌建设及营销；绿色农产品认证；科学使用农药化肥

培训对象：遵义市、六盘水市、铜仁市、安顺市、毕节市、黔东南州、黔西南州、黔南州等8个市（州）的农民专业合作社理事长或骨干人员、农村经纪人、种养殖大户等。每个市（州）15人

表 3-30 科学使用农药化肥课程表

日 期		课程安排
第一天 10月31日	上午 9:00-12:00	学员报到，安排食宿， 召开班委会，明确学习任务及培训纪律要求
	下午 3:30~4:00 4:00~6:00	开班仪式； 专家授课：合作社规范化提升
第二天 11月1日	上午 9:00~12:00	专家授课：农产品品牌建设及营销、绿色农产品认证
	下午 3:30~6:00	专家授课：科学使用农药化肥

通知如下。

遵义市、六盘水市、铜仁市、安顺市、毕节市、黔西南州农经站，黔东南州农村经济经营与农业信息服务站、黔南州农村经营服务站：

我站今年4月下发通知，与贵州省农民专业合作社联合会共同举办2019年农民合作社高新人才管理培训会（详见附件）。经研究，现计划再举办1期农民专业合作社、农村经纪人和种养殖大户的培训会。考虑到四季度工作繁忙，为了提高培训效率，此次培训将从除贵阳市外的8个市（州）中组织人员集中培训。

3.3 访谈结论

对桂滇黔地区青年职业农民的经营能力访谈可得出以下结论。

（1）基本信息：受访的青年职业农民群体均为男性，年龄以35~50岁为主，学历以初中及以下为主，受教育程度普遍偏低。从事的农业生产经营以养殖、种植为主，二者比例基本各占50%。

（2）受访的青年职业农民经营能力普遍较高，但优势能力各不相同，且自身均感到存在某些方面不足。

（3）生产经营存在的困难主要是：资金缺乏，销售渠道单一，自身理论水平不足，劳动力素质跟不上、数量不足等。

（4）善经营的青年职业农民应讲诚信、有社会责任感、号召力、投入学习时间和精力、有较强的解决问题能力、技术能力、总结经验能力、市场经营能力、关注农业市场等。

（5）影响青年职业农民经营能力的因素包括：学习动机与能力、受教育程度、探索精神、个人胆识、资源关系整合等个体自身因素，家庭影响、产业带动、法律保障、培训、政策扶持等外部因素。

（6）限制经营能力的提升和发挥的因素主要有资金不足、人才不够，销售渠道不畅。

（7）当前农村青年人才劳动力仍处于比较匮乏状态，且流失较为严重。

（8）如何激发青年职业农民内生动力，提升经营能力：自身热爱农业、加强学习、找准目标、紧跟市场，政府政策（补贴）到

第3章　青年职业农民经营能力与培育现状访谈

位、加强培训、加大宣传力度。

对桂滇黔地区青年职业农民的培育现状访谈可得出以下结论。

（1）基本信息：受访的青年职业农民群体男性居多，年龄以35~50岁的中年人为主，学历以初中及以下为主，受教育程度普遍偏低。

（2）政府对青年职业农民提供了哪些政策支持：包括培训支持、技术支持、资金（养殖补贴、培训补贴）支持、基础设施建设（修路）、设备（农机补助）支持、合作社建设支持。

（3）从事的农业生产经营活动：受访的青年职业农民群体从事的农业生产经营以养殖、种植为主，二者比例基本各占50%，养殖业略多，有极少量从事林业生产经营。

（4）所在村县的经济发展情况：四成左右的受访者认为较好，六成左右的受访者认为一般或者不太好。从地域来看，云南的受访者对所在村县经济的评价较高。

（5）如何加入到新型职业农民培育中：大部分是收到政府部门通知。

（6）新型职业农民培育的主要内容：按照频率高低依次为网络销售（电子商务）、经验技术交流、种植、养殖、病虫防治知识技能，有部分受访者反映培训的内容理论性较强，针对性不足。

（7）青年职业农民培育中受到的阻碍：只有两人反馈，分别是培训导致误工，影响了家里的种植和在家种地比外出打工挣钱少（注：后者其实不属于培育中受到的阻碍）。

（8）青年职业农民培育给您带来了什么改变：按照频率高低依次为销售量提升及技能提升、认识同行交流经验、病虫害减少和考虑事情更全面（成熟）。

（9）青年职业农民培育还有哪些不足：有六位受访者提供了反馈，其中三位反映理论性太强、实用性不足，一位反馈不够细化，一位提出认为理论知识还不够多，一位提出培训地点太远太费时间。

（10）参加青年职业农民培育后，您的生产经营还存在哪些困难：按照频率高低依次为资金不足、销路发愁、产品（羊肉）价格低。

（11）对于社会对青年职业农民培育的支持有哪些需要和期待：技术指导与专家交流、运输更方便、农产品价格提升。

（12）培育青年职业农民是由政府组织培育更好，还是由企业组织培育更好：几乎都认为政府组织培育更好。

（13）哪些因素会影响到青年职业农民培育：有几位受访者回答"政府"。

（14）怎样才是爱农业，您是如何衡量的，标准是什么：认真、细心，多学习，多坚持，多花时间，用心投入，做好本职工作，带动周围老乡一起致富。

（15）怎样才是懂技术，您是如何衡量的，标准是什么：勤学，多问，多看，多走动，注重积累经验。

（16）怎样才是善经营，您是如何衡量的，标准是什么：保证农产品品质，多找销路，销售量大，拿到市场，吸引消费者主动上门购买。

从职业农民培训机构的培训组织实施和课程内容设计来看，职业农民的培训组织实施过程较为顺利，课程内容的设置也各有特色，普遍比较注重经营能力和技术提升方面的培训内容设计，也包含了部分实践内容。但也遇到学员难以组织，请假较多的情况。

第4章

青年职业农民经营能力与培育现状问卷调查

4.1 调查对象与题目设计

4.1.1 调查对象

为保证样本的代表性，采用地区配额加随机的方式选取调查样本，对广西南宁市、柳州市、桂林市，云南文山州广南县，贵州黔西南州册亨县等地青年职业农民开展了调查。共回收有效问卷 1008 份（其中广西 316 份，云南 336 份，贵州 356 份），问卷调查样本基本情况如图 4-1 所示，调查问卷的完整统计结果见附录 2。

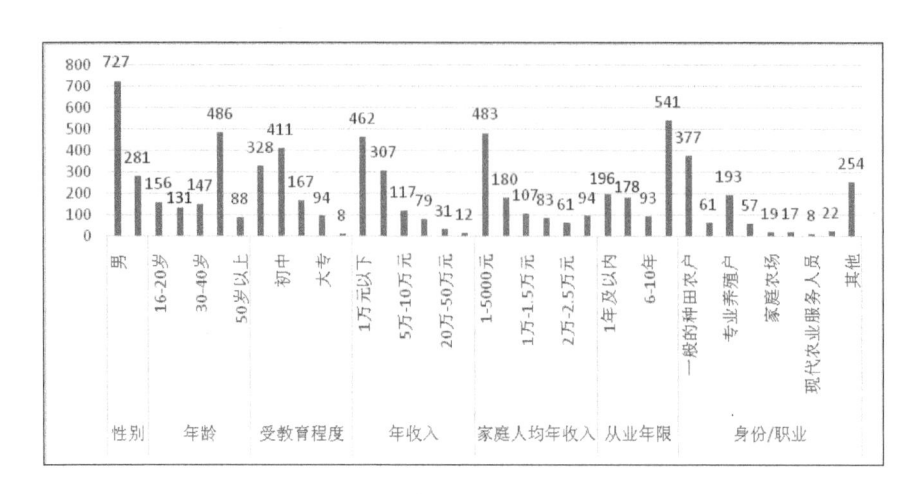

图 4-1 基于农民视角的桂滇黔地区青年职业农民培育现状调查样本情况

接受调查的 1008 个有效样本中，男性 727 名，占比 72.12%，女性 281 名，占比 27.88%；年龄 16~50 岁的占比 91.27%；受教育程度初中及以下文化程度的占比 73.31%，高中及以上的占比 26.69%；年收入 1 万元以下的占比 45.83%，1~5 万元的占比 30.46，5 万元以上的占比 23.72%，其中 50 万元及以上的仅占 1.19%；家庭人均年收入 1 万元以下的占比 65.78%，1 万元及以上的占比 34.22%；从业年限 5 年及以上的占比 62.90%，5 年以下的占比 37.10%；从身份和职业来看，组成比较多元化，占比较高的有一般的种田农户、专业养殖户、农业技术服务人员、专业合作社带头人，这四种职业占比共达到 68.25%。

可见，总体上，青年职业农民的男性比例偏高，年龄整体偏大，受教育程度偏低，年收入和家庭人均收入总体偏低，从业年限普遍较长，身份和职业比较多元化。

青年职业农民培育现状调查设计的主要问题有：青年职业农民参加培训的基本情况；对自身职业素质的认知和评价；对自身农业生产经营能力的认知和评价；经过培训后农业生产经营态度改变和技能提升情况；培训满意度及评价情况等。

4.1.2 调查题目设计

在文献分析和访谈基础上，拟定调查内容包括以下几方面。

（1）被调查者的基本信息：性别、年龄、受教育程度、年收入、家庭人均年收入、从事农业生产的年限、具体从事的农业经营形式。

（2）对自身经营能力的评价：诚信度、社会责任感、号召力、学习时间和精力投入、解决问题能力、技术能力、总结经验能力、市场经营能力、对农业市场关注度。

（3）参加职业农民培训情况：参加次数，费用来源，培训后对农业生产、经营的热爱提升度，培训后农业生产技术、经营技能的提升度。

（4）对职业农民培训的评价：教师水平、培训总体效果、农业生产培训满意度、农业经营培训满意度、培训花费时间对生产经营的影响程度。

（5）对当前职业农民培育模式的感受与判断：当前模式、希望采用的模式。

（6）对职业农民培训的期望：单次培训时间、培训时段、培训地点。

（7）职业农民培训存在的问题。

（8）当前农业生产经营遇到的困境。

依照以上调查内容，设计调查问卷共设34道选择题，完整的调查问卷见附录1。

4.2 调查结果

1. 调查对象参加职业农民培训基本情况

调查发现，调查对象参加职业农民培训的比例较高，参加过1次的占54.66%，参加了2次或2次以上的占比45.34%；培训费用来源基本上是混合式，来自政府、企业和自身多个主体，占比63.89%；调查对象普遍认为培训对生产经营产生较大影响，认为职业农民培育工作对农业生产经营影响非常大、较大和有影响的比例高达75.2%。调查数据如图4-2所示。

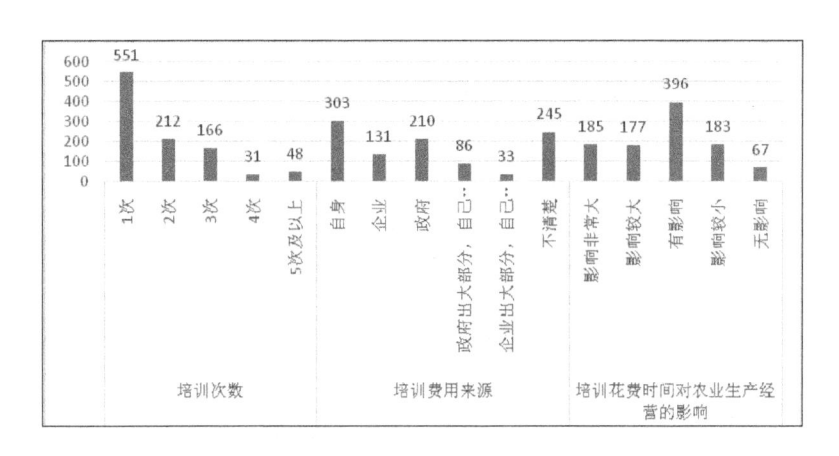

第4章 青年职业农民经营能力与培育现状问卷调查

图 4-2 参加职业农民培训次数、费用来源、影响大小情况示意图

2. 青年职业农民对自身职业素质的认知和评价

接受调查的青年职业农民普遍对自身职业素质评价较高，包括对自身诚信度、社会责任感、生产经营号召力、农业生产经营投入的时间和精力、自身对农场趋势关注度等。认为自身诚信度高、较高的占比 57.54%；认为自身社会责任感强、较强的占比 62.60%；认为自身在村民中的号召力强、较强的占比 41.57%；认为自身在农业生产经营投入的时间精力多、较多的占比 40.58%；认为自身对农业市场关注度强、较强的占比 30.65%。调查数据如图 4-3 所示。

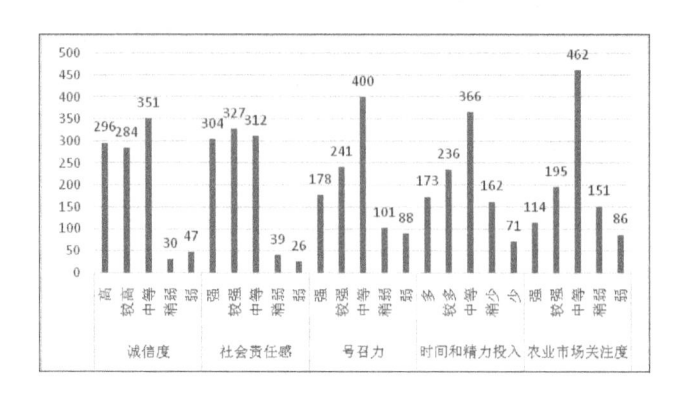

图 4-3 青年职业农民对自身职业素质的认知和评价

3. 青年职业农民对自身农业生产经营能力的认知和评价

青年职业农民对自身农业生产经营能力的认知和评价普遍较高，认为自己解决问题能力、技术能力、总结经验能力、市场经营能力强和较强的比例分别达到48.12%、42.16%、47.02%、31.45%。相对而言，对自身市场经营能力自信心较弱。调查数据如图4-4所示。

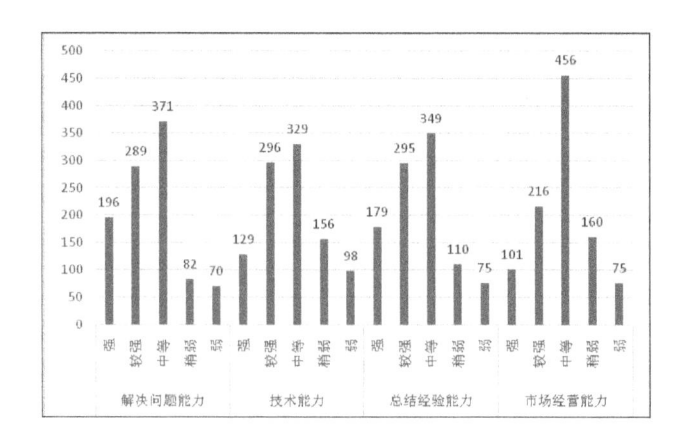

图 4-4 青年职业农民对自身农业生产经营能力的认知和评价

4. 经过培训后农业生产经营态度改变和技能提升情况

被调查的青年职业农民中，认为经过培训后，对农业生产热爱程度有提升的占比 83.13%，对农业经营热爱程度有提升的占比 86.11%；培训后农业生产技能有提升的占比 90.08%，认为农业经营技能有提升的占比 90.58%。

可见，职业农民培训使青年职业农民对农业生产经营的热爱程度及自身农业生产经营技能得到了显著提升。调查数据如图 4-5 所示。

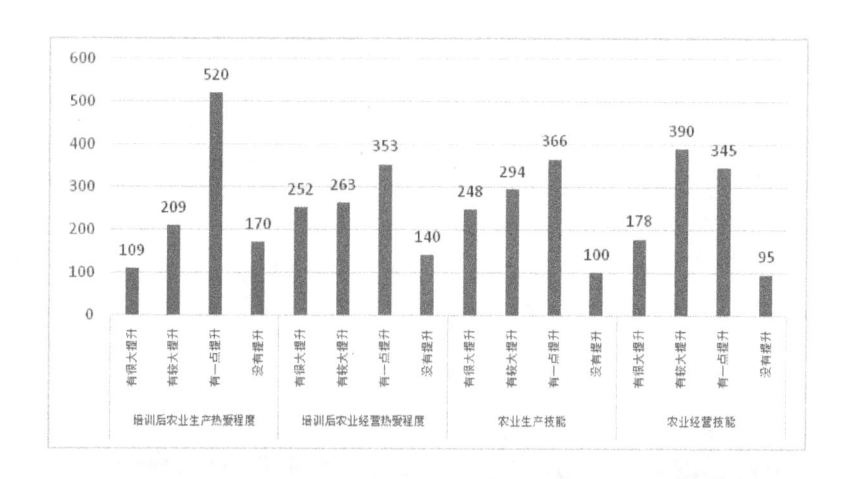

图 4-5 青年职业农民经培训后农业生产经营态度改变和技能提升情况

5. 培训满意度及评价情况

接受调查的青年职业农民认为培训教师的水平很高、较高的占比 54.96%，认为培训效果很好、较好的占比 60.91%，对农业生产方面的培训感到非常满意、较满意、满意的占比 75.09%，对农业经营方面的培训感到非常满意、较满意、满意的占比 75.20%。

可见，他们总体上对培训教师的水平和培训效果的评价较高。对农业生产方面的培训满意度和对农业经营方面的满意度也比较高。调查数据如图 4-6 所示。

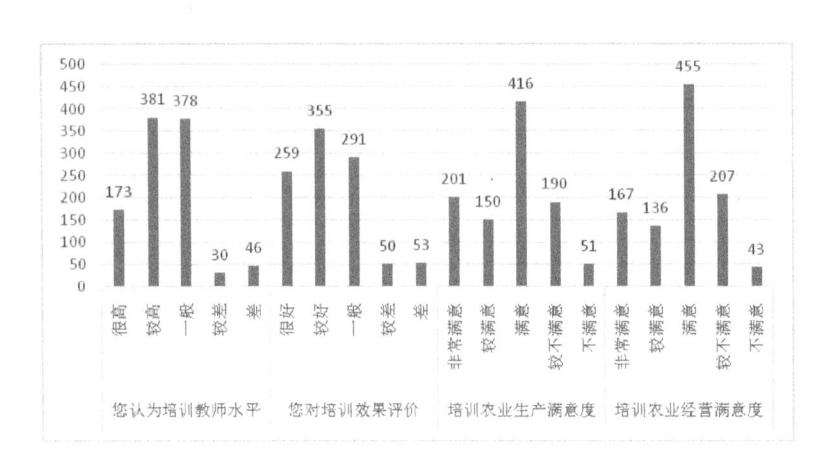

图 4-6 青年职业农民对培训各个方面的满意度情况及培训效果评价

6. 青年职业农民培训存在的问题

被调查的青年职业农民，在被问及"职业农民培训存在的问题"时，选择频数最多的前三项从多到少依次是：缺乏针对性和时效性，占比 17.86%；教师下乡指导少，占比 16.77%；其他，占比 16.27%。这三项合计占比 50.90%。调查数据如图 4-7 所示。

可见，培训缺乏针对性和时效性、教师下乡指导少是当前桂滇

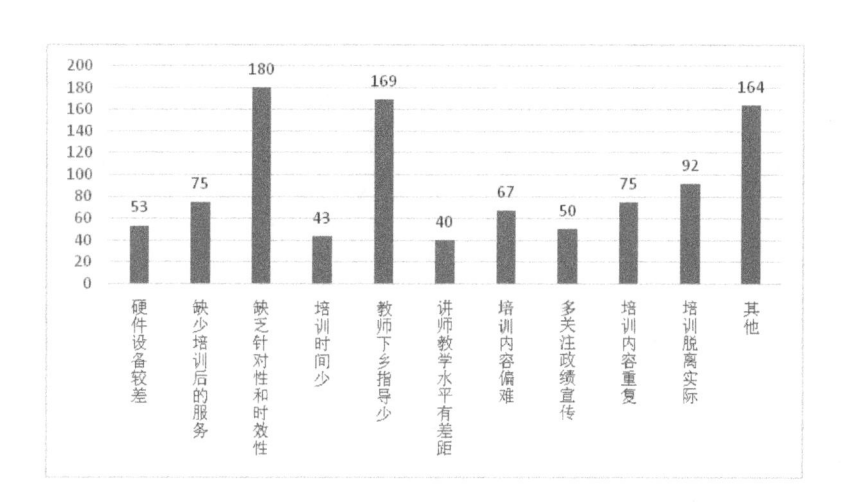

黔地区青年职业农民培育实践中比较突出的问题。

图 4-7　职业农民培训存在的问题

7. 期望的单次培训时长及培训时间段安排

在培训时长方面，由于农业生产经营的特殊性，被调查对象普遍希望单次培训时长在 3 天以内，其次是 3~7 天，如脱产时间过长会耽误正常的农业生产经营活动。

因农业生产经营的特殊性，在访谈和问卷调查过程中，被调查对象普遍希望培训的时间段最好安排在每年的 10~12 月期间，其次是 1~3 月期间，尽量避开农忙季节。

调查数据如图 4-8 所示。

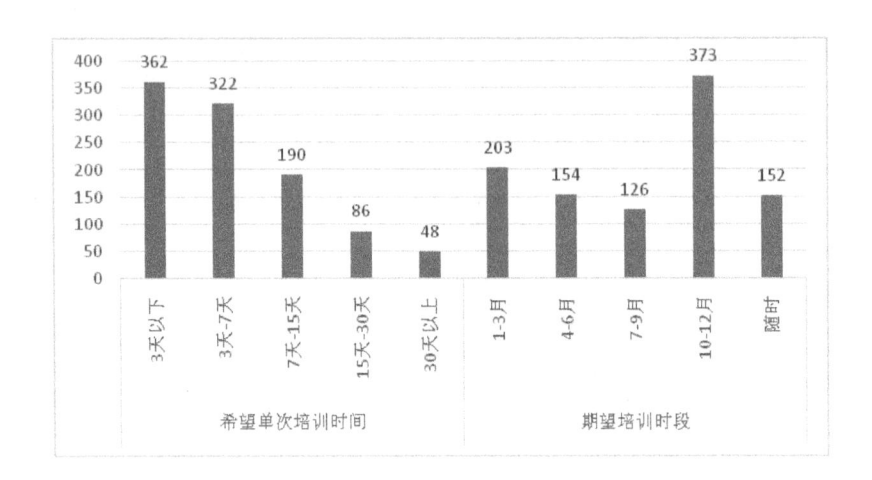

图 4-8 被调查对象普遍期望培训的时长和时段

8. 期望的培训地点

在培训地点的选择方面，接受调查的对象普遍希望将地点安排在城市或者是本村。调查数据如图 4-9 所示。

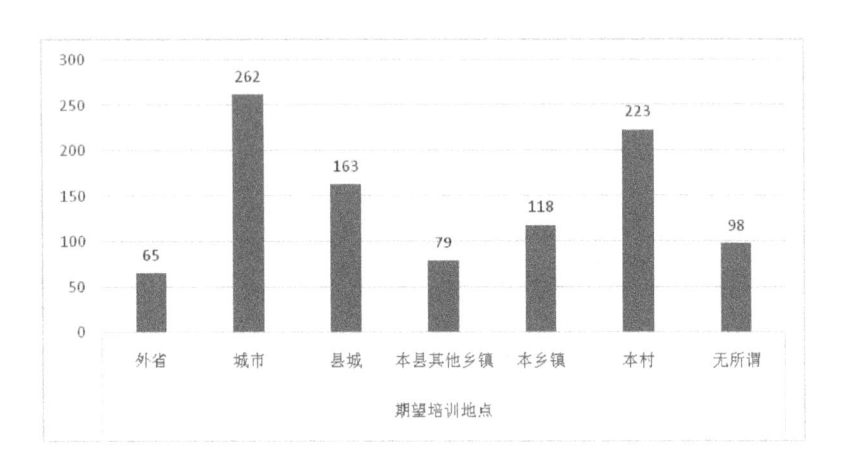

图 4-9 被调查对象普遍期望的培训地点

9. 当前生产经营活动遇到的困境

接受调查的青年职业农民，在被问及"生产经营活动遇到困境来自哪一方面"时，选择频数最多的四项从多到少依次是：技术掌握不足，占比 28.27%；经营管理不擅长，占比 25.79%；生产成本过高，占比 15.67%；销售途径不畅，占比 15.58%。以上四项合计占比 85.31%。调查数据如图 4-10 所示。

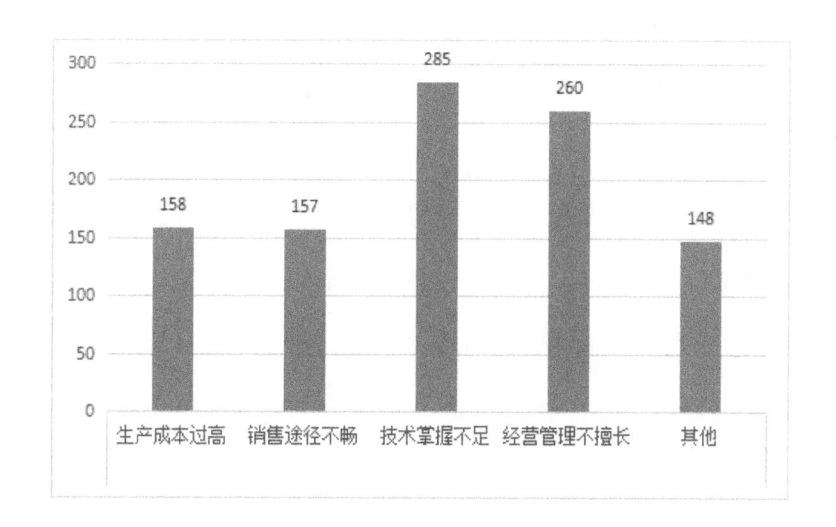

图 4-10 青年职业农民生产经营活动遇到的困境

可见，技术掌握不足、经营管理不擅长是青年职业农民生产经营活动遇到的主要困境。

4.3 调查结论

桂滇黔地区青年职业农民男性居多，女性较少；年龄偏大；受教育程度偏低；年收入和家庭人均收入总体偏低；从业年限普遍较长；身份和职业比较多元化。

桂滇黔地区青年职业农民参加职业农民培训的次数较多，培训费用来源大多来自政府、企业和自身多个主体，普遍认为培训对生产经营能产生较大影响。他们普遍对自身职业素质的评价较高，包括对自身诚信度、社会责任感、生产经营号召力、农业生产经营投入的时间和精力、自身对农场趋势关注度等。他们对自身农业生产经营能力的认知和评价也普遍较高，包括解决问题能力、技术能力、总结经验能力、市场经营能力等。但相对而言，对自身市场经营能力自信心较弱，对自身农业生产经营能力的评价总体上低于对自身职业素质的评价。经过培训后，他们对农业生产经营的热爱程度及自身农业生产经营技能显著提升。他们总体上对培训教师的水平、培训效果的评价较高，对农业生产方面、农业经营方面的培训满意度也比较高。

桂滇黔地区青年职业农民培训存在的突出问题，是培训缺乏针对性和时效性，教师下乡指导较少。在培训时长方面，他们普遍希望单次培训时长为3天以内或3~7天，在培训的时间段安排方面，他们普遍希望安排在每年的10~12月期间，其次是1~3月期间，尽量避开农忙季节。在培训地点的选择上，他们普遍希望将地点安排在城市或者是本村。在被问及"生产经营活动遇到困境来自哪一方面"时，选择频数最多的四项从多到少依次是：技术掌握不足、经营管理不擅长、生产成本过高、销售途径不畅。

第5章

青年职业农民培育影响因素

第5章 青年职业农民培育影响因素

5.1 可能的影响因素收集

5.1.1 相关文献析出

近年来，已有部分学者对新型职业农民培育影响因素问题展开了一些研究。徐辉、许泱、李红，等（2018）采用 Logit 二元回归模型，实证分析了五大类、三十项指标对新型职业农民培育的作用，认为是否经常自学农业技术和管理知识，以及是否接受过农业职业教育和政府扶持对新常态下新型职业农民培育具有显著影响。尚蕾、尚增强、李建波等（2020）利用 DEMATEL 法分析了新型职业农民培育质量的影响因素，认为主要有培训教材、培训地点、培训时间、学员年龄、跟踪服务质量、学员性别等因素。吴易雄（2017）认为学员性别、文化程度、期望的培训时间、是否有扩大农业生产的愿望、农机服务方式、从事农业背景、单位效益与当地平均水平相比等,在统计学上显著影响新型职业农民的农业生产意愿,外部经济环境、政策环境、资金条件对新型职业农民是否进行创业的决策行为产生影响。马艳艳、李鸿雁(2018)运用 Logistic 回归模型分析了农户的个体特征、家庭生产经营特征、政策认知程度,以及参加培训的经历等因素对农民参与培育意愿的影响。马名慧、邵喜武、周扬(2019)认为学员性别、年龄、受教育程度、主要收入来源、现代农业技术了解程度、培育方式、培育内容以及培育时间等因素对农民参与培育意愿具有显著影响。周瑾、夏志禹(2018)运用了多分类 Logistic 计量模型,对影响新型职业农民从业选择的微观影响因素(性别、从业年限、家庭人口和农业发展水平)进行了实证研究。周杉、代良志、雷迪(2017)运用 Probit 模型分析了农户个人特征、生产经营情况,以及政府支持的有效性等因素对培育满意度的影响。在已有的相关文献研究中,得到影响桂滇黔地区青年职业农民培育可能的影响因素见表 5-1。

表 5-1 可能影响青年职业农民培育的因素收集

新型职业农民培育影响因素(徐辉等,2018)	是否经常自学农业技术和管理知识	新型职业农民培育质量(尚蕾等,2020)	年龄、性别、学历、月收入、培训意愿
	受培育者的年龄和受教育程度		家庭劳动力人数、家庭土地经营规模
	是否接受过农业职业教育和政府扶持		教师素质、培训内容、培训时间、培训形式、培训地点、培训教材、培训费用、培训机构、跟踪服务质量

（续表）

新型职业农民进行创业的决策行为影响因素（吴易雄，2017）	外部经济环境	新型职业农民参与培育意愿的影响因素（马艳艳等，2018）	个体特征、家庭生产经营特征
	资金条件		政策认知程度
	政策环境		参加培训的经历
新型青年职业农民培育参与意愿的影响因素（马名慧等，2019）	性别、年龄、受教育程度	新型职业农民从业选择的围观影响因素（周瑾等，2018）	性别、从业年限
	主要收入来源、现代农业技术了解程度		家庭人口
	培育方式、培育内容以及培育时间		农业发展水平
新型职业农民培育满意度的影响因素（周彬等，2017）	农户个人特征	新型青年职业农民的农业生产意愿影响因素（吴易雄，2017）	性别、文化程度、期望的培训时间
	生产经营情况		是否有扩大农业生产的愿望、从事农业背景、农机服务方式
	政府支持的有效性		单位效益与当地平均水平

5.1.2 访谈调查收集

为更好地了解桂滇黔地区青年职业农民培育影响因素，在对广西南宁市、柳州市、桂林市，云南文山州广南县，贵州黔西南州册亨县等地开展青年职业农民培育调查中，对60余名青年职业农民开展访谈，向他们提出了如下问题："您觉得哪些因素会影响到我们青年职业农民的培育（见青年职业农民访谈提纲第13小题）"。

对 30 余名青年职业农民培育研究专家、管理人员和实际参与工作者、培训机构负责人、培训讲师进行咨询、讨论，向他们提出关于青年职业农民培育影响因素的如下几个问题："您认为影响青年职业农民培育的主要因素有哪些？""请列举青年职业农民培育影响因素中最重要的 3 个关键因素，并以重要性高低进行排序。"青年职业农民研究专家和村干部影响因素访谈题目设计见表 5-2。

表 5-2　青年职业农民研究专家、村干部影响因素访谈题目设计

序号	访谈问题
1	您认为影响青年职业农民培育的主要因素有哪些？
2	请列举青年职业农民培育影响因素中最重要的 3 个关键因素，并以重要性高低进行排序。

选取两位接受采访的不同村的村党支部副书记、村主任的访谈结果摘要见表 5-3 和表 5-4。出于保密要求，为保护受访者隐私，姓名和工作单位做隐去处理。

表 5-3　某某村副书记访谈信息选摘

序号	访谈问题	回答摘要
1	姓名	李某某
2	工作职务	某村党支部副书记
3	影响青年职业农民培育的主要因素	政府帮扶、市场、科学技术、农民专业知识教育
4	列举青年职业农民培育影响因素中最重要的 3 个关键因素，并以重要性高低进行排序	政府、市场调节、科学技术

表 5-4　某某村主任访谈信息选摘

序号	访谈问题	回答摘要
1	姓名	黄某某
2	工作职务	某某村主任
3	影响青年职业农民培育的主要因素	政府以及相关单位、专业基础知识、先进科学技术、企业、市场竞争
4	列举青年职业农民培育影响因素中最重要的3个关键因素，并以重要性高低进行排序	开放的市场、农民自身努力、政府
5	当前和未来一段时间内，哪个青年职业农民培育驱动主体应居主导地位	市场主导

收集到的影响因素可以归纳为三个方面。

（1）政策与支持。

（2）青年职业农民自身参与培育的意愿与学习能力。

（3）培育的组织与具体过程和细节。这部分也可以理解为青年职业农民自身参与培育的现实可行性和喜好程度。具体来说，它又包括培训时间、培训费用、培训讲师、培训方式方法和培训课程设置等五个方面。

5.1.3 影响因素质化研究

通过相关文献分析析出和实地访谈调查收集，可以看出，桂滇黔地区青年职业农民培育影响因素涉及多个方面，涉及的影响指标众多。

将以上所有因素进行理论分解、归纳，合并类似项目和剔除多余项目，得出桂滇黔地区青年职业农民培育的影响因素，可以归纳为三个大的方面：青年职业农民培育的外部环境、青年职业农民的培育供给、青年职业农民自身方面。

其中，青年职业农民培育的外部环境又包括政府方面、社会环境方面；青年职业农民的培育供给又可分为硬件供给方面、软件供给方面；青年职业农民自身方面因素包括农民个体特征和农民家庭特征两个方面。

5.2 关键影响因素分析

5.2.1 外部环境宏观因素

1. 政府方面因素

第一，法律法规与政策。由于我国青年职业农民培育是近年来出现的新事物，不同的相关利益主体之间存在协同运作的矛盾和困难。因此，相关部门应从法律法规的层面，不断补充和完善青年职业农民培育的相关条目，要制定职业农民培训相关法律。

良好的配套政策体系能够发挥正确的导向作用，有利于青年职业农民培育工作的良好开展。政府可从专项扶持资金设立、土地流转服务体系的完善和金融服务等方面制定相应的宏观引导政策。

第二，资金投入。要以法律法规规范培育资金的投入和使用。通过建立公开投资机制，规范各级政府投资行为、各培育机构资金使用行为，提高财政资金使用效益，达到资金投入、使用的公开、透明、高效。青年职业农民培育的各级财政资金应被列入财政年度预算。

2. 社会方面因素

第一，经济发展水平。经济发展水平的提高，可以促使电视、电脑、网络和智能电话等在农民中的普及和运用，从而可以为青年职业农民的教育与培训提供良好的硬件环境和培育氛围。同时，这些可以改善农民的经济条件，增加他们用于培育的资金。

第二，农业技术水平。农业技术水平较高的地区，农业现代化、产业化水平较高，农业社会化服务市场容量大，新型经营主体发展势头强，从事生产经营型和专业服务型职业更具优势。因此，农业技术水平由低到高的青年职业农民在从业选择上的偏好为专业技能型、生产经营型、专业服务型。不同的农业技术水平状况下，青年职业农民培育应采用不同的培育内容和方式方法，做到因地制宜，使青年职业农民的培育工作既有效又高效。

第三，文化、风俗与地理因素。民族文化和风俗会在很大程度上影响当地居民的精神丰富程度、健康程度，而精神水平恰恰与身体素质一样，是青年职业农民培育的一个重要方面。同时，与教师、律师等职业一样，青年职业农民将农业生产经营作为一种职业来从事，需要大力倡导整个社会层面真正消除对传统农民的身份固化观点和歧视态度，让青年职业农民能够正常参与政治生活和社会生活，保障他们的政治经济地位和合法权益。

自然地理因素也是影响青年职业农民培育的重要因素之一。桂滇黔地区总体特点是土地资源以山地、丘陵为主，平原较少。其中，广西山地丘陵石山占土地总面积69.7%，云南山地丘陵占土地总面积的93.6%，贵州山地丘陵面积占土地总面积的92.8%。桂滇黔地区可用于农业开发的土地资源不多，土层厚、肥力高、水利条件好的耕地更少，远低于全国平均水平。且由于人口增多，非农业用地增多，耕地面积还在不断缩小。山多田少、耕地数量少、质量差、后备耕地不足是桂滇黔地区土地资源构成的显著特点。这种地理特点不利于耕作业的发展。

桂滇黔地区拥有的广大山地丘陵区，水资源、生物资源丰富，桂滇黔地区民族众多，民族文化异彩纷呈，因此旅游资源十分丰富并具有民族特色。桂滇黔地区旅游业创造的国内生产总值（GDP）

占 GDP 总量的比例均远高于全国平均水平。

因此,桂滇黔地区发展农业时,应立足于现有耕地,充分发挥其生产潜力,着重抓单产的提高,着力解决水利问题,并在此基础上狠抓改土。与此同时,还要改善桂滇黔地区的农村交通状况,根据桂滇黔地区的地理位置大力挖掘当地与邻近其他区域的经济合作潜力,改变桂滇黔地区普遍存在的地广人稀、交通不便的状况。桂滇黔地区青年职业农民培育内容也必须考虑这些现实的自然地理特点,结合地区的产业优势和未来发展方向进行设计。

5.2.2 培育供给微观因素

1. 硬件方面

第一,培训主体硬件设施。培训主体不仅要有教室、多媒体等上课的地方,而且要有实验、实训基地,让青年职业农民有实践、练习、训练实际掌握技能的地方。

第二,培育师资水平。师资水平是影响青年职业农民培育效果的重要因素。调查中,不少农民希望由县乡技术人员来担任培训讲师,也有不少农民希望由培训机构的专业师资和外聘专家来担任培训讲师。青年职业农民培训的师资来源应该多样化,能够做到互相补充。

第三，培训教材应结合培训对象的实际情况来编制等。

2. 软件方面

第一，培训时间和地点的合理确定。做好培训时间的确定，不能与农民从事农业生产相冲突；培训地点要合理，既要硬件和软件设施好，又能方便农民学习。

第二，培训内容与方法。青年职业农民虽然是农民群体中的较优秀部分，但由于整体受教育程度偏低，他们对现代农业的专业知识、技能还比较陌生。青年职业农民培训的内容除了应包含技术技能外，还应包括营销、管理、创新方面等。培训内容的确定，需要在事前充分了解培训对象想学什么，需要学什么，再根据需求有针对性地进行提前准备。

此外，仅靠传统理论讲解方法向农民传授相关知识也还不够，要更多地考虑采用参与式的教学方法，根据当地实际情况及接受培训的农民的不同需求来开展培训。有条件的话更多地进行个性化培训，效果会更好。

第三，培训主体组织机制的规范性。规范性指培育制度的完整性，培育机制的长效性。培育主体组织机制越规范，青年职业农民的培育工作才越有效。

5.2.3 农民自身方面因素

1. 个体特征

性别、年龄、受教育程度、收入水平和来源、培训意愿、农户政策认知程度等都会影响青年职业农民培育的效果。

第一，性别。性别对农民参与培育具有正向影响，而且影响较为显著。调查发现，男性更愿意参加青年职业农民培育实践。课题组调查的 1008 位青年职业农民中，男性偏多，占比 72.12%，他们对参加青年职业农民培训的意愿较强。

第二，年龄。年龄对青年职业农民培育意愿有负向影响。课题组调查的 1008 位青年职业农民年龄层次整体偏大。年龄越大，对青年职业农民培育的需求越低。

第三，受教育程度。农民受教育程度越高，参与意愿越强烈。科学文化水平低，会导致一部分农民参与培育的积极性不高。课题组调查的 1008 位青年职业农民有 73.31% 以上的农民受教育程度为初中及以下，这表明桂滇黔地区青年职业农民的整体受教育程度偏低，农民整体素质比较薄弱。这些现实状况，无疑加大了桂滇黔地区青年职业农民培育工作的难度。

第四，收入水平和来源。一般来说，收入水平提高和收入来源的增加会提高农民参加青年职业农民培育的意愿。然而，现在许多农民收入水平偏低、收入来源少。政府用财政资金扶持青年职业农民培育，激励他们参与到青年职业农民培育工作中去很有必要。

第五，培训意愿。培训意愿的高低会直接影响到青年职业农民培育的效果，而当前他们的培训意愿并不高。因此，除了要通过提高培训质量吸引农业生产从业者提高培训的积极性，还要采取一些政策引导，吸引农业从业者参加青年职业农民培育。例如，政府对持证农民提供相应的优惠政策或进行补贴奖励，以形成良好的社会氛围，从而增强青年职业农民培育的吸引力。

第六，农民政策认知程度。调查发现，仍有不少农民对政府关于职业农民培育所采取的政策了解甚少，导致这些政策不能发挥最大作用。政府要继续加大惠农政策的宣传力度。可以组织培训教师团队下乡指导宣传，也可以通过网页、抖音、QQ、微信等新媒体软件向农民们宣传。

2. 家庭特征

第一，家庭人口数量对青年职业农民培育具有正向影响。多个家庭人口往往有多个劳动力。

第二，家庭收入是青年职业农民培育的正向影响因素。家庭年总收入越高的家庭，越有更大的可能培育青年职业农民。

第三，家庭土地承包面积对青年职业农民培育具有正向影响。

家庭承包土地越多,家庭中的农民越有可能转变为青年职业农民。

第四,家庭拥有农机情况对青年职业农民培育产生正向作用。没有农机的人很难成为青年职业农民,而农机拥有量多的更可能因为规模经营的发展成长为青年职业农民。

第五,父辈从事农业情况对青年职业农民培育产生负向作用。父辈务农的下一代更愿意和更可能"跳出农门",不再从事农民职业。

5.3 影响因素研究结论

基于青年职业农民影响因素文献分析和访谈调查,以及质化研究结果,桂滇黔地区青年职业农民培育的关键影响因素有三个。

(1)外部环境宏观因素,包括政府方面、社会方面。政府方面包括法律法规与政策、资金投入;社会方面包括经济发展水平,农业技术水平,文化、风俗与地理因素。

(2)培育供给微观因素,包括硬件方面、软件方面。硬件方面包括硬件设施、师资水平、培训教材;软件方面包括培训时间和地点、培训内容与方法、培训主体组织机制。

(3)农民自身方面因素,包括个体特征、家庭特征。个体特征包括农民的性别、年龄、收入水平和来源、受教育程度、培训意愿、农户政策认知程度等；家庭特征包括家庭人口、家庭收入、土地承包面积、农机数量及父辈影响等。

桂滇黔地区青年职业农民培育影响因素如图 5-1 所示。

```
桂滇黔地区         ┌─外部环境因素─┬─政府方面─┬─法律法规与政策
青年职业农         │              │          └─资金投入
民培育影响 ───────┤              │          ┌─经济发展水平
因素               │              └─社会方面─┼─农业技术水平
                   │                         └─文化、风俗地理因素
                   ├─培育供给因素─┬─硬件方面─┬─硬件设施
                   │              │          ├─师资水平
                   │              │          └─培训教材
                   │              │          ┌─培训时间和地点
                   │              └─软件方面─┼─培训内容与方法
                   │                         └─培训主体组织机制
                   └─农民自身因素─┬─个体特征──性别、年龄、收入水平和来源、培训意愿、农户政策认知程度等
                                  └─家庭特征──家庭人口、土地承包面积、农机数量、家庭收入、父辈影响等
```

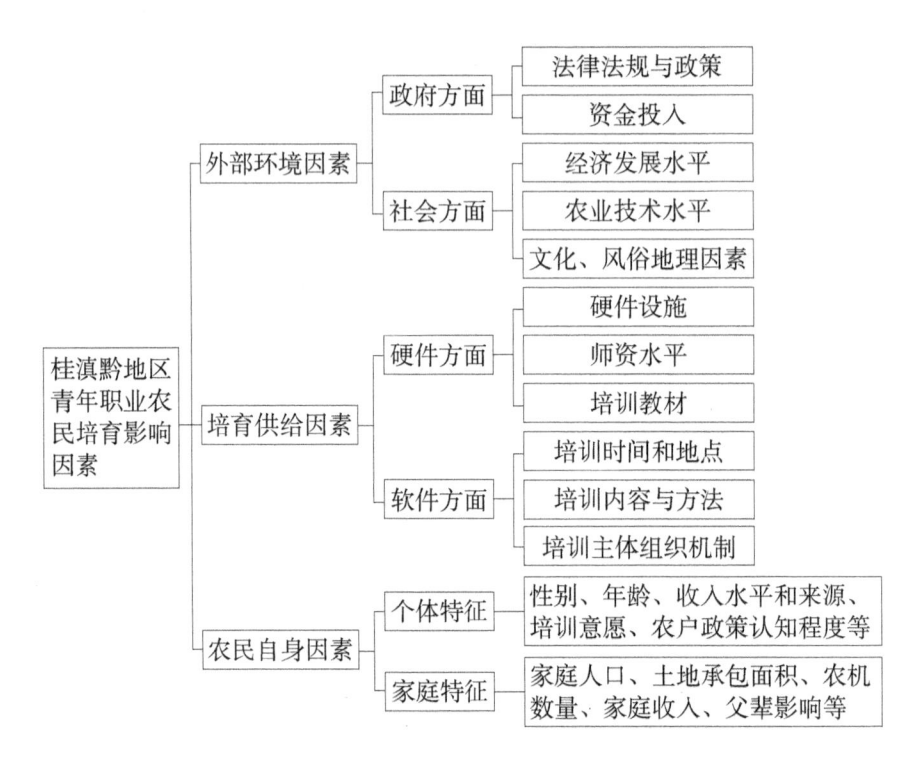

图 5-1　桂滇黔地区青年职业农民培育影响因素

第6章

青年职业农民培育驱动体系

6.1 三大驱动主体

6.1.1 政府

政府是青年职业农民培育的重要驱动主体，从宏观层面为青年职业农民培育提供法律法规、政策制度上的设计、支持和保障。

立法方面，例如，2021年4月29日，第十三届全国人民代表大会常务委员会第二十八次会议表决通过《中华人民共和国乡村振兴促进法》，其中第二十六条规定：各级人民政府应当采取措施，培养有文化、懂技术、善经营、会管理的高素质农民和农村实用人才、创新创业带头人。

制度方面，政府宏观驱动青年职业农民培育工作主要通过户籍制度、土地制度、职业农民准入制度等制度的制定实施来实现。

第一，户籍制度。"解决好农业农村农民问题是全党工作的重中之重，城乡一体化是解决'三农'问题的根本途径"。推进青年职业农民培育工作过程中，要加快户籍制度及与之相关的配套制度改革。

第二，土地制度。深化农村土地制度改革，完善承包地"三权"分置制度。保持土地承包关系稳定并长久不变，第二轮土地承包到期后再延长三十年。

第三，职业农民准入制度。受农业产业最终产品性、土地资源稀缺性影响，政府通过农民职业资格准入、扶持协会组织等方式促进农民职业化。如法国政府建立多种培训机构，规定农民必须接受职业教育，只有取得教育合格证书后，才具有经营农业的资格并且能享受国家的优惠贷款及补贴；德国建立了完善的职业农民资格证书制度；英国的农民职业资格证书分为农业职业培训证书和技术教育证书两大系列，以确保宝贵的农业资源让高素质的农民来使用和经营。我国农业农村部办公厅、财政部办公厅规定，要对符合条件的农民颁发青年职业农民证书并配套相关政策予以扶持。各省、自治区、直辖市积极探索，制定了相关标准和准入制度，为青年职业农民准入制度提供了经验。桂滇黔地区也对经过培训考核，符合条件者颁发初、中、高级青年职业农民证书。

6.1.2 市场

市场是职业农民培育和成长的重要环境背景，市场驱动也是青年职业农民培育的重要外部驱动主体之一。市场驱动青年职业农民培育，主要通过三个路径实现：市场需求导向、分工利益驱动、农业产业链条延伸。

第一，市场需求导向。市场需求会导向农民市场主体地位的提升。随着经济的发展，市场需求导向下，农业生产经营市场竞争更加激烈，农民如果不能及时关注和跟进市场信息和情报，以市场需求为导向从事农业的生产和经营，则无法应对市场越来越快速的变化。市场需求还会导向青年职业农民综合素质和能力水平的提高，农民如果不能主动加强学习，提高市场竞争的意识，提高自身的科技应用能力，则无法获得竞争中的生存和发展。

第二，分工利益驱动。作为理性经济人，一部分农民会在利益最大化支配下，自主流动到城市和工业、服务业部门。特别是接受过较好教育的高素质的青壮年劳动力，更有可能从农业流动的工业或服务业。如此一来，三次产业的比较利益形成了农村劳动力向农业以外产业转移的"推力"。这样，在市场化分工利益驱动下，从事农业生产经营的青年职业农民的成长也有了更大的空间，分工利益的驱动为青年职业农民接受更多的教育和培训创造了条件。

第三，农村的农业产业链条向前向后延伸。现代农业的发展必然导致农业产业链条的向前向后延伸，渐渐促使农业和第一、第二产业的渗透和融合，促进传统农业向现代农业转化，促使农业的单一结构向多元化结构转化，最终转化成现代化农业生产体系。在这个过程中，农民的生产和经营范围逐渐扩大，不再只单纯从事传统农业的生产，还需要掌握现代农业管理与经营及服务。这些都会驱动和导向农民更多地掌握技术、经营、管理和服务技能，提升自身各方面综合素质，促进青年职业农民的培育和成长。

6.1.3 农民

政府和市场是青年职业农民培育工作的外在驱动主体，青年职业农民自身是青年职业农民培育工作的内在驱动主体。外部驱动最终还要通过内在驱动起作用，青年职业农民的内生驱动主要是通过农民专业合作经济组织、乡土人才的引导和带动、激发青年职业农民内生动力等方面来进行。

第一，农民专业合作经济组织。通过组织内农民之间的相互合作，农民专业合作经济组织共享各种农产品产销信息，提供农业技术方面的服务，增加农民收入，维护农民利益。由于农民专业合作经济组织通过规模效应降低了农民的平均市场交易费用进而降低农业生产成本、推动青年职业农民专业化、市场化，所以无形中也提高了青年职业农民综合素质和各方面能力。

第二，乡土人才的引领和带动。青年职业农民培育工作中，必须注重发挥乡土人才的引领和示范带动作用。许许多多、各种各样懂经济、善管理、了解市场行情的乡土人才，是青年职业农民学习的榜样、示范。乡土人才智慧和力量的叠加，可以释放出更大的能量，引导带动青年职业农民群体学科技、用科技、闯市场，为青年职业农民培育起到带头作用。

第三，青年职业农民内生动力的激发。做好青年职业农民培育工作，必须激发被培育对象自身的内在动力和活力。

一是要保障青年职业农民真正独立的市场主体地位，保障他们具有完全的生产经营自主权，切实提高青年职业农民的民主参与程度和政治地位。

二是要培养青年职业农民的职业精神。青年职业农民的职业精神，是指现代农业青年从业人员应共同具备的职业信念、价值观念、行为准则及对农业的职业归属感、责任感和信誉感。宋新乐、朱启臻（2016）提出新型职业农民的职业精神应由职业理想、职业良心、职业道德等构成，其具体为诚信精神、敬业精神、奉献精神；习近平总书记在四川省考察时，用九个字概括了新型职业农民的鲜明特点："爱农业、懂技术、善经营"。"爱农业"尤其强调青年职业农民的职业精神内核是热爱农业，奉献自我。新型职业农民的职业精神应从 3 个方面进行塑造和培养。（1）有情怀，热爱祖国、热爱农业；（2）有能力，要掌握农业科技、善于经营之道、懂得法律法规；（3）有操守，敬业、诚信、创新。

6.2 驱动机制访谈与调查

6.2.1 专家访谈

针对桂滇黔地区青年职业农民培育驱动体系问题，对青年职业农民培育的相关研究专家、管理人员和实际参与工作者、培训机构负责人、培训讲师共计 30 余人进行了深度访谈。访谈的问题包括：您认为桂滇黔地区青年职业农民培育驱动主体有哪些；桂滇黔地区青年职业农民培育不同的驱动主体之间的关系是什么样的；当前和未来一段时间内，哪个驱动主体应该居于主导地位等三个部分内容。

青年职业农民培育驱动主体专家访谈题目设计如表 6-1 所示。选取两位接受采访的不同村的村党支部副书记、村主任的访谈结果摘要见表 6-2 和表 6-3。出于保密要求，为保护受访者隐私，姓名和工作单位做隐去处理。

表 6-1　青年职业农民培育驱动主体专家访谈题目设计

序号	访谈问题
1	青年职业农民培育有哪些驱动主体？
2	青年职业农民培育驱动主体之间的关系是什么样的？
3	当前和未来一段时间内，桂滇黔哪个地区青年职业农民培育驱动主体应该居于主导地位？

表 6-2　某某村党支部副书记访谈信息选摘

序号	访谈问题	回答摘要
1	姓名	李某某
2	工作职务	某某村党支部副书记
3	青年职业农民培育有哪些驱动主体	政府、社会组织、企业，还有农民自身
4	青年职业农民培育驱动主体之间的关系	政府肯定是主导，企业和社会可以多参与
5	当前和未来一段时间内，哪个青年职业农民培育驱动主体应居主导地位	政府

表 6-3　某某村村主任访谈信息选摘

序号	访谈问题	回答摘要
1	姓名	黄某某
2	工作职务	某村村主任
3	青年职业农民培育有哪些驱动主体	相关扶持政策、技术专家的指导，农民自身的努力，还要注重环保与可持续发展
4	青年职业农民培育驱动主体之间的关系	对于贫困户，应由政府牵头帮扶，助其脱贫；对于非贫困户，还是主要靠农民自身的努力奋斗，农民自己要适应开放市场的竞争。相关单位提供专业人员开展培训指导
5	当前和未来一段时间内，哪个青年职业农民培育驱动主体应居主导地位	市场主导

第6章　青年职业农民培育驱动体系

第一，桂滇黔地区青年职业农民培育有哪些驱动主体。被访谈的专家中，大多数均表示桂滇黔地区青年职业农民培育的主体是多元化的，包括政府、市场（企业）、农业类高校和高职高专院校、教育培训机构、农民组织、农民自身等。政府应多个驱动主体同时发力，共同作用于桂滇黔地区青年职业农民培育工作。这些收集到的选项中，有些属于青年职业农民培育的驱动主体，有些属于培训主体。

第二，桂滇黔地区青年职业农民培育驱动主体之间的关系。大多数接受访谈的专家认为，桂滇黔地区青年职业农民培育驱动主体中，政府和市场属于外在驱动主体，农民属于内在驱动主体，外在驱动要靠内在驱动共同起作用。

第三，桂滇黔地区青年职业农民培育驱动主体哪个应居主导地位。16位专家认为，基于我国当前的农村实际情况，政府仍应在当前和今后一段时间内居于青年职业农民培育的第一位驱动主体；8位专家认为，应以市场作为第一位的青年职业农民培育驱动主体；12位专家认为，随着农民整体素质的不断提升，政府、市场和农民三位一体，并行发展，不分伯仲。

不少专家同时指出并强调，青年职业农民自身在培育过程中的内生驱动力和活力激发问题，必须得到足够的重视，只有青年职业农民自身的内在驱动力和活力得到充分激发，才能与政府和市场的驱动支持形成合力，起到良好的青年职业农民培育效果。

6.2.2 桂滇黔地区青年职业农民调查

针对桂滇黔地区青年职业农民培育驱动体系问题，对接受调研的青年职业农民共计 20 余名进行了访谈。访谈的问题为："您认为培育青年职业农民是由政府来组织培育更好，还是由企业来组织培育更好？（市场驱动和政府驱动选择趋向）"。访谈问题详见表 3-1 第 12 道题目。

访谈的结果，有 17 名受访对象认为"培育青年职业农民由政府培育更好"，占比 70.8%；有 7 名受访对象认为，"培育青年职业农民由企业培育更好"，占比 29.2%。绝大多数受访对象认为由政府来组织青年职业农民培育更合适。

在对 1008 名参加了青年职业农民培训的农民开展问卷调查时，关于青年职业农民驱动主体与驱动模式，也设计了两个问题。

第一，您认为我国当前青年职业农民培育采用的模式是哪种？有 67.96% 的受访对象认为，现有的青年职业农民培育模式是政府主导，或者政府和市场结合以政府为主；有 32.04% 的受访对象认为，现有的青年职业农民培育模式是以市场为主导，或者政府和市场结合以市场为主。可见，受访对象在目前青年职业农民培养是政府主导还是市场主导方面，更多地偏向于认为是政府主导。

第6章 青年职业农民培育驱动体系

有71.13%的受访对象认为,现有的青年职业农民培育模式是政府和市场混合驱动模式;有28.87%的受访对象认为,现有的青年职业农民培育模式是政府或市场单一驱动模式。调查对象大部分认为当前桂滇黔地区青年职业农民培育的模式是混合式。

总的来说,大多数受访对象认为现有的青年职业农民培育是以政府驱动为主,且现有的青年职业农民培育是政府与市场驱动混合模式。

第二,您期望我国青年职业农民培育采用的模式是哪种?有50.30%的受访者认为,期望的青年职业农民培育驱动模式是政府驱动;或者以政府为主,政府与市场混合。其中,43.75%的受访者期望的青年职业农民培育驱动模式是以政府为主,政府与市场混合;有82.84%的受访者认为应该采用政府和市场混合驱动的模式;只有17.17%的受访对象认为应采用单一的驱动主体模式。可见,混合式驱动体系是他们所期望的驱动体系模式。

总的来说,大多数受访对象,期望青年职业农民培育采用以政府为主要驱动体系的混合驱动模式,调查数据和结果如图6-1所示。

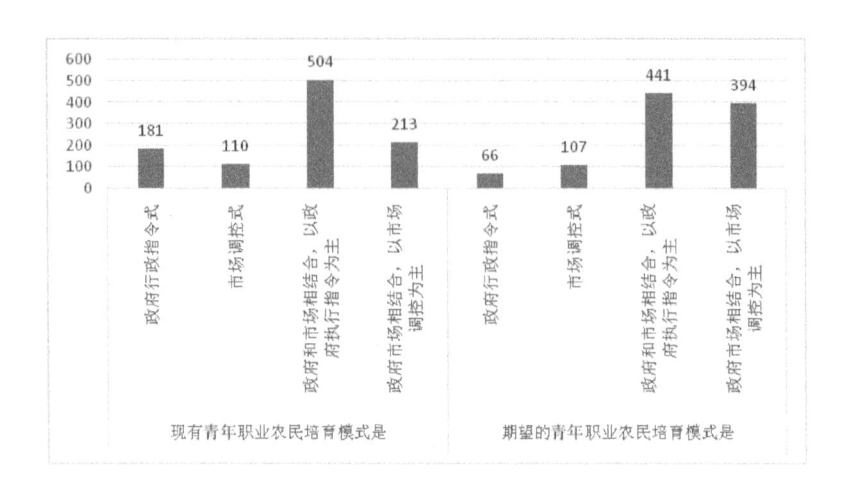

图 6-1 桂滇黔地区青年职业农民认知和期望的培育驱动模式

6.3 驱动体系设计

6.3.1 政府的顶层设计和指导帮扶驱动

当前和今后较长一段时间，政府仍是青年职业农民培育的首要驱动主体，从宏观上为青年职业农民培育提供法律法规、政策制度上的设计、支持和保障。政府宏观驱动青年职业农民培育工作主要通过户籍制度、土地制度、职业农民准入制度等制度和法律法规政策的制定实施来实现。

6.3.2 市场的大范围培育实践驱动

市场驱动青年职业农民培育和成长主要是通过大规模的培育实践体现。这为青年职业农民培育工作创造社会实践环境，为政府对青年职业农民培育的顶层设计，以及指导帮扶实现在青年职业农民群体中的落实。

6.3.3 青年职业农民内在驱动

我们可以把青年职业农民自身的内驱力，比喻成青年职业农民培育工作取得实际效果的"最后一公里"。因为，外在力量要通过内在力量才能起作用。青年职业农民自身在培育过程中的内生驱动力和活力激发问题，必须得到足够的重视。只有青年职业农民自身的内在驱动力和活力得到充分激发，才能与政府和市场的驱动支持形成合力，起到良好的青年职业农民培育效果。

激发青年职业农民培育的内在动力，要通过农民专业合作经济组织，乡土人才的引导和带动，激发青年职业农民内生动力等3个方面来进行。

6.4 驱动体系研究结论

基于当前桂滇黔地区青年职业农民培育现状和所处阶段实际情况，综合考虑专家学者等相关工作人员和青年职业农民的意见建议，桂滇黔地区青年职业农民培育驱动体，应设计为内部驱动和外部驱动相结合的三轮驱动机制，如图 6-2 所示。

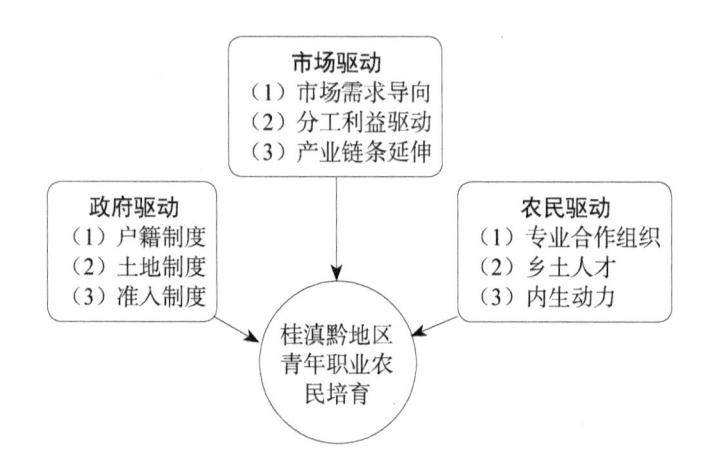

图 6-2　桂滇黔地区青年职业农民培育三轮驱动体系设计图

第7章

青年职业农民培育机制

7.1 青年职业农民培育决策机制

7.1.1 决策机构

近年来，职业农民培育工作已成为解决我国"三农"问题中解决"农民"问题的重点与核心内容之一。中华人民共和国农业农村部可视为我国青年职业农民培育的最高决策机构。各省、自治区、直辖市农业农村厅可视为各地方青年职业农民培育的决策机构。2021年初，前身为"国务院扶贫开发领导小组办公室"的国务院直属机构"国家乡村振兴局"挂牌成立，成为农业农村部代管的国家局，设立信息中心、开发指导司、考核评估司、综合司、政策法规司、规划财务司等机构。

作为一项系统工程，青年职业农民培育需要有力的决策机构和有效的决策机制，需要有青年职业农民的培育工作的决策机构和决策人员。因此，青年职业农民应建立从中央到地方，从政府相关部门到学校、培训机构、相关协会、企业多方参与的青年职业农民培育工作委员会，并制定相关的章程，对青年职业农民培育工作做出科学指导和规划。成员应涵盖政府相关部门（行业）人员、培育培训专家、行业协会人员和青年职业农民代表等。

7.1.2 决策运行机制

青年职业农民培育运行机制，指的是青年职业农民培育工作过程，以及影响其最终培育结果的各因素之间相互联系、相互作用的运行机理和运行方式。

青年职业农民培育决策机制，是指青年职业农民培育决策的组成要素及运行机理、运行方式。青年职业农民培育的决策机构可以设立青年职业农民培育工作委员会，下辖指导委员会、专家委员会和办公室三个主要部门。

指导委员会，由各级农业农村管理部门相关人员组成，对青年职业农民培育进行顶层设计、战略制定和指导。决策的内容有资源分配、管理制度、运行制度。整体战略规划等，侧重宏观决策规划。

专家委员会可由农业行业协会人员，农业企业骨干人员，青年职业农民培育专家，其他等相关专业人员组成，主要负责具体的师资培训、农民培育、教学与实践、跟踪服务等工作。决策内容为青年职业农民培育各项工作的微观决策，包括实施方案、办法等，侧重微观决策。

办公室由相关专业的专职人员组成，负责在指导委员会的管理指导和专家委员会的业务指导下，开展具体的青年职业农民培育系列工作，包括收集信息，执行培育培训各项工作，反馈信息，向指导委员会、专家委员会提供工作实施过程中的经验与教训，以及对宏观决策规划和微观决策提供修改完善的意见与建议。

7.2 青年职业农民培育协调机制

7.2.1 协调机制运行机理

青年职业农民培育协调机制，指的是青年职业农民培育各因素之间组织协调高效运转、分工协作的原则和机制。当前我国大批高素质青年职业农民队伍的培育，不仅需要借助学校、培训机构的全方位培育，更需要政府支持，更需要农业行业、农业企业的深度参与。由于职业农民是我国近几年来提出的新概念，且我国"政行企校"行政管理隶属关系不同，所以青年职业农民培育的各个驱动主体之间的协调存在一定的矛盾和障碍。

我国青年职业农民培育的管理机构是农业农村管理部门，行业协会属于社会团体，企业归属于某行业或某行业部委，高职院校隶属教育部门，它们四者之间不存在行政隶属关系。因此，我们特别需要建立青年职业农民培育的协调机制。

7.2.2 协调机制运行方式

1. 政府部门搭台

中央、地方政府、行业主管部门共同搭建推进青年职业农民培育合作平台。政府成立青年职业农民培育工作委员会，搭建行业协会为主导，企业与高职院校共同参与的合作专门机构，大力开展市场化合作，实现培育、管理和服务、监督的无缝对接，形成政府、行业、企业、学校"全员参与，协同培育"的良好格局，为青年职业农民培育工作提供优良的培育平台。

2. 行业协会做桥

行业协会因其特殊的社会属性、组织属性，作为企业和高职院校之间连接合作的桥梁，可以协助它们与政府部门、企业及高职院校之间进行沟通；可以促进企业与高职院校的信息交流。市场是青年职业农民培育的重要驱动主体之一，高职院校和企业是青年职业农民队伍建设的主体。应进一步加强青年职业农民培育工作中的校企合作，实现合作式培育，双赢式发展。

3. 全方位激发青年职业农民的内生动力

通过进一步推进农民职业化进程，可以加强政府政策引导与帮扶，加大社会支持力度，增强青年职业农民组织力量，强化青年职业农民群体效应，激发青年职业农民自身的活力和内生动力。

7.3　青年职业农民培育激励约束机制

7.3.1　激励与约束结合

激励和约束是事物的两个方面，缺一不可。

有效的激励机制能够激发青年职业农民培育的内在动力，科学的约束机制能规范青年职业农民培育过程中的行为。反之，缺乏激励或约束，或者激励与约束机制不公平不科学，会削弱培育对象学习成长的主观能动性，降低培育的效率和效果，难以达成培育目标。

7.3.2 利益与责任对应

政府从青年职业农民培育的战略规划和顶层设计，完善法律法规制度，优化培育环境，加强宣传，扭转观念，提高青年职业农民社会地位等方面承担相应责任。

农业行业应促进相关企业、培训机构与高职院校通过合同、制度激励和约束市场行为。

涉农企业和培训机构要努力提高培育质量，提高青年职业农民培育的市场化运作和配置效率。

农业高职院校和携手合作企业应一起参与大力开展青年职业农民培育的教学改革及实践探索。

7.3.3 物质与精神并重

物质和精神结合是对行为主体进行激励和约束的常见方式。

政府通过对涉农高职院校工作的考核，开展对其物质和精神的双重激励。

通过给予青年职业农民培育工作的参与企业、培训机构各项优惠政策，强化涉农企业和相关培训机构在校企合作中的义务和责任。

通过宣传和引导，优化青年职业农民培育社会文化环境，提高青年职业农民的身份和地位。

涉农高职院校要加大青年职业农民培育的经费投入，制定教师积极参与青年职业农民培育工作的激励制度，激励教师提升产教研能力和社会服务能力。

7.4 青年职业农民培育创新机制

7.4.1 结合桂滇黔地区特点创新培育机制

桂滇黔地区青年职业农民培育需结合桂滇黔地区的民族特点、人文特点、地理特点、产业发展特点，统筹和综合考虑区域发展、扶贫政策、城乡一体化发展政策等的融合发展，探索和研究新时代背景下适合桂滇黔地区的青年职业农民培育机制。

例如，桂滇黔地区青年职业农民培育的影响因素之一是文化、风俗与地理特点。桂滇黔地区青年职业农民培育必须认真考虑这些现实的文化、风俗与自然地理等特点。例如，桂滇黔地区的土地资源构成直接影响该地区农业农村的发展和产业发展，约束了该地区青年职业农民培育发展的方向。桂滇黔地区的地理特点和农村交通状况也会直接影响该地区农业农村发展的定位，影响到桂滇黔地区与邻近其他区域，如广东等地的农业合作等，进而影响桂滇黔地区青年职业农民培育工作的战略与重心。

7.4.2 顺应时代技术发展创新培育模式

时代在不断进步，2020年是我国全面打赢脱贫攻坚战收官之年，是全面建成小康社会目标实现之年。2020年10月，党的十九届五中全会审议通过《中共中央关于制定国民经济和社会发展第十四个五年规划和二〇三五年远景目标的建议》，对新发展阶段优先发展农业农村、全面推进乡村振兴做出总体部署，为做好当前和今后一个时期"三农"工作指明方向。指出今后一个时期，我国发展仍然处于重要战略机遇期，但机遇和挑战都有新的发展变化，全党要统筹中华民族伟大复兴的战略全局和世界百年未有之大变局，深刻认识我国社会主要矛盾变化带来的新特征、新要求，深刻认识错综复杂的国际环境带来的新矛盾、新挑战，增强机遇意识和风险意识，立足社会主义初级阶段基本国情，保持战略定力，办好自己的事，认识和把握发展规律，发扬斗争精神，树立底线思维，准确识变、科学应变、主动求变，善于在危机中育先机、于变局中开新局，抓住机遇，应对挑战，趋利避害，奋勇前进。2021年中央一号文件指出，"十四五"时期，是乘势而上开启全面建设社会主义现代化国家新征程、向第二个百年奋斗目标进军的第一个五年，全面建设社会主义现代化国家，实现中华民族伟大复兴，最艰巨、最繁重的任务依然在农村，最广泛、最深厚的基础依然在农村。解决好发展不平衡、不充分问题，重点难点在"三农"，要全面推进乡村产业、人才、文化、生态、组织振兴。在新的相对贫困治理的时代背景下，应注意结合时代发展的新特点，创新桂滇黔地区青年职业农民培育新模式。

技术在不断发展。互联网经济和未来的智慧农业经济发展，要求青年职业农民培育打破传统的既往模式，设计发挥互联网作用，适应智慧农业经济发展的创新型培育模式，在培育中着力打通青年职业农民培育过程中获取信息的通道，提高他们的信息化数字化能力。

7.4.3 因材施教创新分级分类培育机制

对从事农业生产经营领域不同、学习基础不同、学习能力不同的青年职业农民，培训部门应采取分级、分类的差异化培育模式，加大青年职业农民培育的针对性，从而提高培育的有效性，提升培育的质量和效果。

例如，倡导农民投身到"大众创新，万众创业"的事业中，针对农民"创客"，即青年职业农民群体中的"田秀才""土专家""乡创客"等本土农业农村创新创业人员，应专门搭建农民创客的创新创业平台，打造农业科技资源新联合，组织农业技术专题新培训，建立农业对外交流新渠道，实现对这部分领军式青年职业农民的高质量精准式培育。

7.4.4 紧跟市场需求创新培育内容方式

根据桂滇黔地区农业发展市场对青年职业农民培育的实际需求，培训部门有针对性地设置具有地方特色、产业特色、民族特色的专门课程，邀请既有理论功底又有农业相关工作经验的专家教授、职业能手等授课，进行以市场需求为导向，有目标、有计划、有步骤地对农民进行生产技术、经营能力、服务技能等多方面、全方位的培训。

培训方式上，邀请国内外名师、名家，定期举行专题培训班、讲座、论坛和研讨会；开展农业实用技术培训、农业职业技能培训、农业创业培训；采用远程、网络、业余教育等学习方式，大力推进农民田间学校模式，充分利用农民云平台等信息化手段，创新培育和培训方式。

为有效地满足市场需求，培训师资方面应充分进行资源整合，把专家学者、创业导师、驻村第一书记、大学生村官、大学生创客公益团体成员等会聚起来，为农民创客提供政策解读、职业指导、经营能力提升和生产技术培训等。

7.5 青年职业农民培育保障机制

7.5.1 组织与人力保障

青年职业农民培育是一项系统工程，需要在组织与人力、法律法规政策、资金和监督等多个方面予以保障。

青年职业农民培育组织上，应保障多方有效资源，集中优势资源，建立以政府主管部门为主导，农业院校、农业技校为主体，社会培育机构为补充，高级青年职业农民充分带动初、中级青年职业农民的全方位培育模式，即做到"主管部门+多方资源+团结互助+市场、实践为导向"多组织保障。保证聚全社会有效力量参与到这项系统工程中。

从基础教育到成人教育，从专业教育到职业教育，从社会到企业，多方面会聚人才，服务于青年职业农民素质技能的提高和青年职业农民队伍的培育。

7.5.2 法律法规和政策保障

综观世界各发达国家职业农民培育的实践和经验，职业农民的培育都离不开法律法规的保障。许多发达国家都有农民职业教育方面的立法。

2021年4月29日，第十三届全国人民代表大会常务委员会第二十八次会议表决通过《中华人民共和国乡村振兴促进法》；2021年5月18日，司法部印发了《"乡村振兴 法治同行"活动方案》，为我国青年职业农民培育工作进行了相关立法。

7.5.3 资金保障

加大农村青年职业农民培育的资金投入，可明显提高青年职业农民培育工作成效。加大教育与培训的投入，使教育与培训的硬件设施条件得到改善。加大桂滇黔地区青年职业农民培育师资的培养力度，使农民科学文化水平得到提高。加大医疗卫生保健投入，使医疗卫生保健硬件设施得到改善。提高医疗卫生保健人员的素质，加大农村的医疗卫生保健观念的宣传，使农民身体素质得到提高。

7.5.4 监督保障

市场驱动是青年职业农民培育和成长的重要外部驱动主体之一，是落实政府对青年职业农民培育的顶层设计及指导帮扶的重要载体。但是，市场的本性是逐利的。市场驱动青年职业农民培育的过程往往会出现功利化和短期利益倾向，如果不能得到政府方面良好的管理和监督，就会出现任务化、形式化、过场化，职责不明确、多头管理、重复培训等现象，影响青年职业农民培育的成效。

因此，政府必须进一步加强对青年职业农民培育市场，包括相关行业、企业、培训机构管理的严格监督。通过宣传营造文化、舆论环境，加强对行业、企业、培训机构的管理监督，根据区情、农民需求加强教学等方面，对青年职业农民培育市场行为进行引导和规范。

7.6 培育机制研究结论

桂滇黔地区青年职业农民培育包括五大机制：决策机制、协调机制、激励约束机制、创新机制和保障机制。

（1）决策机制，包括决策机构与决策运行机制。

（2）协调机制，包括运行机理与运行方式。

（3）激励约束机制，包括激励与约束结合、利益与责任对应、物质与精神并重等方面。

（4）创新机制，包括结合桂滇黔地区区情特点创新，顺应时代技术发展进行创新，因材施教进行分级分类创新，紧跟市场需求进行内容、方式创新等。

第7章 青年职业农民培育机制

（5）保障机制，包括组织与人力、法律法规与政策、资金、监督机制等。

桂滇黔地区青年职业农民培育机制如图 7-1 所示。

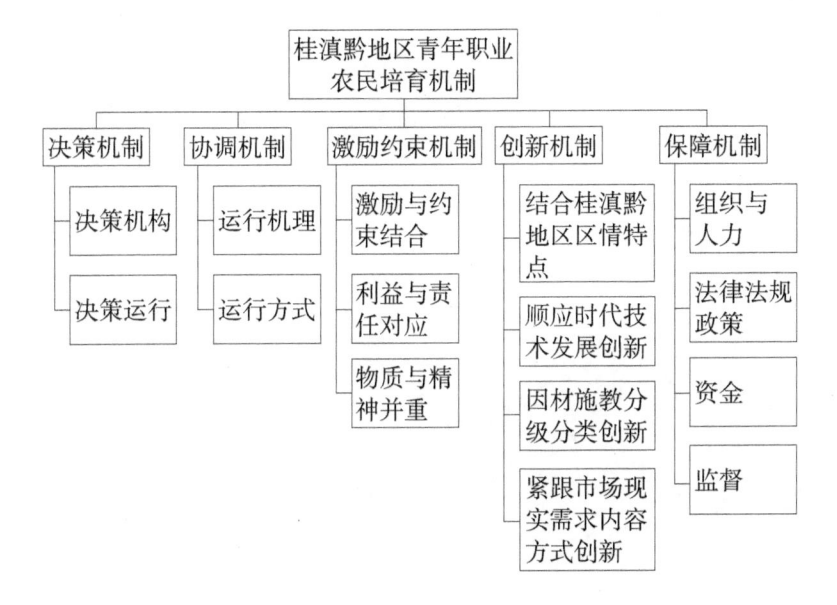

图 7-1 桂滇黔地区青年职业农民培育五大机制融合联动示意图

第8章

研究结论与政策建议

第 8 章 研究结论与政策建议

8.1 研究结论

8.1.1 青年职业农民经营能力提升与培育具有重要价值

青年职业农民培育，在我国乡村振兴战略实施过程中具有重要意义与价值。我国青年职业农民的培育具有独特的国情背景和特殊性，与国外的职业农民培育有较大差异。青年职业农民发展程度在不同的地区间也存在较大差距。桂滇黔地区是西部地区的重要组成部分，广泛分布着革命老区、民族地区、边疆地区、贫困地区等。同时，桂滇黔地区又是典型的农业地区，农村经济落后、农业不发达、农民增收缓慢。"三农"问题突出，多年来农民数量多、素质不高、经营能力不强，大量青壮年农民放弃在农村种田到城市务工，从农村进城上学的大中专学生更是极少愿意回到农村工作。研究桂滇黔地区青年职业农民经营能力提升及培育机制，有利于促进该地区农民队伍整体素质的提升，促进该地区传统农业向现代农业转化，促进该地区"三农"问题得到更好的解决，有利于我国民族地区、贫困地区、革命老区、边疆地区的团结稳定和区域经济均衡发展，进而产生良好的社会效益。研究也可以为我国其他地区的青年职业农民培育实践提供一定的参照和借鉴。

本书通过整合不同学科的多个理论，运用更科学、更丰富的多种研究方法。以桂滇黔地区为例，从中观的研究视角，研究青年职业农民经营能力提升与培育机制问题，使现有的新型职业农民培育研究得到进一步深化和系统化，也为我国新型职业农民培育研究提供了新的理论支撑体系、研究方法体系。其中，青年职业农民及经营能力的定义与特点，青年职业农民培育的影响因素研究、驱动体系研究、培育机制等研究内容是对区域农村人力资源开发理论的新探索、进一步补充和延伸，具有一定的示范意义。

8.1.2 我国青年职业农民具有独特内涵与鲜明特点

我国青年职业农民定义可表述为：年龄在16-50周岁，主动选择从事现代农业，具有职业情感和生产、技术、经营方面职业能力，通过产业化经营、市场化竞争，获取与社会上其他职业相均衡的较高收入作为主要收入来源的农民。

与国外的职业农民相比,我国青年职业农民具有鲜明的特点。表现在收入较高且来自农业生产经营,职业化、专业化和现代化,反映了当前社会经济发展的阶段性、动态性特征,具有鲜明的中国特色。习近平总书记的"爱农业、懂技术、善经营"可以作为青年职业农民职业情感和职业能力的基本标准。

8.1.3 青年职业农民经营能力内涵与影响因素

青年职业农民经营能力,是指青年职业农民在对内外部环境及自身发展潜力进行识别基础上的战略制定和决策能力,以及日常生产经营活动中各种管理能力。善经营的青年职业农民应讲诚信,有社会责任感,有号召力、投入学习时间和精力,有较强的解决问题能力、技术能力、总结经验能力、市场经营能力和关注农业市场等。

影响青年职业农民经营能力的因素包括:学习动机与能力、受教育程度、探索精神、个人胆识、资源关系整合等个体自身因素;家庭影响、产业带动、法律保障、培训、政策扶持等外部因素。限制经营能力的提升和发挥的因素主要有资金不足、人才不够,销售渠道不畅。应从热爱农业、加强学习、找准目标、紧跟市场,政府政策(补贴)到位、加强培训、加大宣传力度等方面提升经营能力。

与青年职业农民的生产、技术能力相比,青年职业农民的经营能力相对更加薄弱,亟须提升。当前农村青年职业农民仍处于比较匮乏状态，且流失较为严重。

8.1.4 青年职业农民对培育的期待和面临困境

选取桂滇黔具有代表性的地区，包括广西壮族自治区南宁市、柳州市、桂林市，云南省文山州广南县，贵州省黔西南州册亨县等地，对部分青年职业农民开展访谈和 1008 名青年职业农民开展问卷调查，得出如下调查结果。受访农民有一些期望和诉求，在生产经营方面也遇到一些困境。

桂滇黔地区青年职业农民培育总体情况良好。桂滇黔地区青年职业农民男性居多、女性较少，受教育程度偏低，年收入和家庭人均收入总体偏低，从业年限普遍较长，主要从事种植、养殖方面的生产经营活动，身份和职业比较多元化。桂滇黔地区各级政府对青年职业农民提供了培训、技术、资金、基础设施建设、设备、合作社建设等多方位支持，青年职业农民参加培训的次数较多，培训费用大多由政府、企业和自身多个主体进行投入，培训内容包括网络销售、技术经验交流、养殖种植、病虫防治知识和技能等。他们普遍认为培训花费时间对生产经营产生较大影响，普遍对自身职业素质的评价较高，对自身农业生产经营能力的认知和评价也普遍较高。但相对而言，他们对自身市场经营能力自信心较弱，对自身农业生产经营能力的评价总体上低于对自身职业素质的评价。

经过培训后,他们对农业生产经营的热爱程度及自身农业生产经营技能显著提升。总体上,他们对培训教师的水平、培训效果的评价、对农业生产方面和农业经营方面的培训满意度较高。

从职业农民培训机构的培训组织实施和课程内容设计来看,职业农民的培训组织实施过程较为顺利,课程内容的设置也各有特色,普遍比较注重经营能力和技术提升方面的培训内容设计,也包含了部分实践内容。但也遇到学员难以组织,请假较多的情况。

从存在的问题来看,桂滇黔地区青年职业农民认为培育存在的突出问题,是培训理论性过强,缺乏针对性和时效性,教师下乡指导较少。

期望与诉求方面,他们普遍希望单次培训时长为 3 天以内或 3~7 天,希望培训安排在每年的 10~12 月期间,或者是 1~3 月期间,尽量避开农忙季节,希望将地点安排在城市或者是本村。

生产经营活动遇到的困境主要有资金来源不足、技术掌握不足、经营管理不擅长、生产成本过高、销售途径不畅等。

8.1.5 青年职业农民培育的关键影响因素

对我国青年职业农民影响因素相关文献进行梳理、分析、质化研究,并对桂滇黔地区 60 名青年职业农民、30 名相关政府管理部门人员、专家开展咨询、讨论和访谈调查，研究得出桂滇黔地区青年职业农民培育的关键影响因素含3个方面、6个因素、23个指标。

第一方面是宏观外部环境，包括政府方面、社会方面两个影响因素。政府方面指标包括法律法规与政策、资金投入；社会方面指标包括经济发展水平、农业技术水平、文化、风俗与地理因素。

第二方面是微观培育供给，包括硬件方面、软件方面两个影响因素。硬件方面指标包括硬件设施、师资水平、培训教材；软件方面指标包括培训时间和地点、培训内容与方法、培训主体组织机制。

第三方面是农民自身，包括农民个体特征和农民家庭特征两个影响因素。农民个体特征因素指标包括农民的性别、年龄、受教育程度、收入水平和来源、农业技术水平、培训意愿、农户政策认知程度等；农民家庭特征因素指标，涵盖土地承包面积、家庭收入、家庭人口、父辈影响、农机数量等。

8.1.6 青年职业农民培育的驱动体系

桂滇黔地区青年职业农民培育3大驱动主体为政府、市场和农民，应构建作为首要驱动力的政府的顶层设计和指导帮扶、市场对青年职业农民培育的大范围实践、青年职业农民自身驱动力激发的桂滇黔地区青年职业农民培育驱动体系。

8.1.7 青年职业农民培育的联动机制

决策机制包括决策机构与决策运行；驱动机制包括政府、市场、农民 3 大驱动主体及运行；协调机制包括运行机理与运行方式；激励约束机制包括激励与约束结合、利益与责任对应、物质与精神并重等方面；创新机制包括结合桂滇黔地区区情特点创新、顺应时代技术发展创新、因材施教分级分类创新、紧跟市场需求内容方式创新等；保障机制包括组织与人力、法律法规与政策、资金、监督等。

8.2 政策建议

8.2.1 完善顶层设计战略规划

党的十九届四中全会提出，要"打赢脱贫攻坚战，建立解决相对贫困的长效机制"。2020 年中央一号文件也已明确指出，脱贫攻坚任务完成后，我国贫困状况将发生重大变化，扶贫工作重心转向解决相对贫困，要研究建立解决相对贫困的长效机制。我国相对贫困会长期存在，需要分阶段逐步解决，因此扶贫工作重心从绝对贫困向相对贫困的转换实际上反映了社会主要矛盾的变化。2020

年消除绝对贫困后,我国扶贫工作的重心必然将转向相对贫困,扶贫重点工作将逐步转向持续推进相对贫困的治理工作。

相对贫困的治理、农村经济社会发展,说到底关键在人。对标全面建成小康社会,加快补上农村基础设施和公共服务短板的同时,加快提升培育一大批高素质、能力强的青年职业农民,是促进扶贫工作方式由集中作战调整为常态推进、推动减贫战略和工作体系转型的重要途径,是推进农业高质量发展,确保农村同步全面建成小康社会的重要工作内容。青年职业农民培育是加强解决相对贫困问题的重要一环。

根据以上情况,桂滇黔地区应在原有的青年职业农民培育的成功经验和做法上,把青年职业农民培育与建立解决相对贫困的长效机制紧密结合起来,进一步完善顶层设计战略规划,通过全方位加快我国青年农民职业化进程,推进全面脱贫与乡村振兴有效衔接。

8.2.2 完善法律法规、政策制度

我国已形成以《农业法》为基础的农业法律法规体系和《中华人民共和国职业教育法》有关法律、行政法规,前者主要内容包括农产品质量安全、农民合作经济组织、农民权益保护、重大动物疫病防治和农业生产资料管理等方面的立法,后者主要规定

了各级各类职业学校的职业教育体系、实施、保障条件等。与职业农民培育方面相关的内容逐渐丰富。各省、自治区、直辖市也先后制定了农民教育培训条例。

2010年8月1日起施行的《天津市农民教育培训条例》是我国第一部专门针对农民教育培训而制定的地方性法规,将农民教育培训定义为成人学历教育、农业实用技术培训和职业技能培训三方面内容。随后甘肃省等地也制定了相关的地方性法规。2011年3月31日广西壮族自治区第十一届人民代表大会常务委员会第二十次会议通过了《广西壮族自治区职业教育条例》。

随着青年职业农民培育工作的推进,尤其是2018年农业农村部发布"培养青年职业农民"的新政细则后,更多的省、自治区、直辖市及市级政府都积极制定相应条例或者政府令,保障青年职业农民培育工作的推进,如山东省莱西市颁发了《莱西市2018年青年职业农民培育工程实施方案》。

基于青年职业农民影响因素文献分析、访谈调查及质化研究结果,外部宏观因素是桂滇黔地区青年职业农民培育的三大关键影响方面之一,外部宏观因素中一个重要影响因素是"政府方面",其中"法律法规与政策"是居于首位的指标。

根据以上情况,随着我国农村发展战略发生变化,以及桂滇黔地区顶层设计战略规划的进一步完善改革,青年职业农民培育的相关立法、政策扶助、户籍、土地、分级分类认定准入制度等也应相应提上日程，跟上时代步伐。

8.2.3 加大资金投入

基于青年职业农民影响因素文献分析、访谈调查及质化研究结果，外部宏观因素是桂滇黔地区青年职业农民培育的三大关键影响方面之一，外部宏观因素中一个重要影响因素是"政府方面"，其中"资金投入"是重要指标之一。

桂滇黔地区通过提高对农村青年职业农民培育的资金投入，提高青年职业农民培育工作成效。加大教育与培训的投入，改善教育与培训的硬件设施条件，加大桂滇黔地区青年职业农民培育师资的培养力度，提高农民的科学文化水平；加大医疗卫生保健投入，改善医疗卫生保健硬件设施，提高医疗卫生保健人员的素质，加大农村的医疗卫生保健观念的宣传，提高农民的身体素质。

还需通过对参与青年职业农民培训人员给予奖励或补贴等积极的扶持鼓励办法，提高他们参与培育培训的积极性；如设立青年职业农民培训专项资金支付，农民因参加培训导致的误工补贴并实行"分账核算、直接补助、到户到人"；对培训机构、企业等也可给予各类相关补助；对参与的涉农企业也可给予一定的政策优惠。相关部门要用法律法规对青年职业农民培育资金的投入和使用加以规范。

8.2.4 加强交通、基础设施、硬件建设

基于青年职业农民影响因素文献分析、访谈调查及质化研究结果，外部宏观因素是桂滇黔地区青年职业农民培育的三大关键影响方面之一。外部宏观因素中一个重要影响因素是"文化、风俗与地理因素"，自然地理交通因素对青年职业农民培育产生重要影响。桂滇黔地区山地丘陵占总面积的76%，平原不足15%，属于山多、平原少的地区，农村交通天然基础薄弱，尚需进一步改善。

培训供给的微观因素也是桂滇黔地区青年职业农民培育的关键影响方面之一。培训供给的微观因素中一个重要影响因素是培训的"硬件方面"，主要指青年职业农民培育的硬件设施，包括青年职业农民培育所需的教室、多媒体、实验、实训基地等。

互联网经济和未来的智慧农业经济发展，要求青年职业农民培育打破传统的既往模式，发挥互联网作用，适应智慧农业经济发展的新型培育模式，提高他们的信息化、数字化能力。因此，我们需要大力加强农村网络、信息化建设。

8.2.5 创新青年职业农民培育机制并融合其他机制

习近平总书记指出，抓创新就是抓发展，创新是引领发展的第一动力。桂滇黔地区在青年职业农民培育中，应结合该地区区情特

点创新培育机制，顺应时代技术发展创新培育模式，因材施教创新分级分类培育机制，紧跟市场需求创新培育内容方式。

桂滇黔地区青年职业农民决策机制包括决策机构与决策运行机制。协调机制包括运行机理与运行方式。激励约束机制包括激励与约束结合、利益与责任对应、物质与精神并重。保障机制包括组织与人力、法律法规与政策、资金、监督等保障。

应主动创新青年职业农民培育机制，将其青年职业农民培育决策机制、协调机制、激励约束机制、保障机制有机融合联动。

8.2.6 引导全社会力量广泛参与并协调资源和规范引导

基于桂滇黔地区青年职业农民培育驱动体系研究成果，桂滇黔地区青年职业农民培育应设计为内部与外部相结合的三轮驱动体系。政府是青年职业农民培育首要的、外在的驱动主体，主要从宏观上为青年职业农民培育提供法律法规、政策制度方面的支持和保障，通过加大资金的投入和资金的精准投放，加强交通、基础设施、硬件建设，从而提高青年职业农民培育工作成效。市场驱动则是青年职业农民培育和成长的重要外部驱动主体之一，是落实政府对青年职业农民培育的顶层设计及指导帮扶的重要载体。

政府应从宣传营造文化、舆论环境，加强对行业、企业、培训机构管理监督，根据地区地点、农民需求调整教学内容与教材编写等方面，对青年职业农民培育市场行为进行引导和规范。

一是加大宣传营造有利于青年职业农民培育的舆论和文化环境。青年职业农民培育是一项关系长远、关系根本的基础性工程和创新性工作，也是农民教育事业发展的核心动力。在这条探求之路上，需要不同区域在实践中不断摸索、不断创新、不断总结、不断完善、塑建模式、打造品牌；需要各地集众思纳广议、传信息重交流、造声势导舆论、体系同心群策群力。因此应充分认识到宣传工作在青年职业农民培育中的作用，切实把宣传工作摆上重要位置。一方面，积极挖掘各地青年职业农民培育工作中的好思路、好做法、好经验、好典型和好模式，为青年职业农民培育创造更多信息和知识共享的机会；另一方面，从农民到青年职业农民，是一种转变，为更好地鼓励和吸引传统农民和大学生、返乡农民、退伍军人从事农民职业，也要着力营造积极的舆论氛围，为青年职业农民培育营造良好的舆论、文化环境。

二是加强对行业、企业、培训机构的管理监督。逐利是市场的本性。市场在驱动青年职业农民培育的过程中，不可避免地会出现功利化和短期利益倾向。青年职业农民培育如果缺乏良好的管理和监督，就会出现任务化、形式化、过场化，职责不明确、多头管理、重复培训等现象，影响青年职业农民培育成效。因此政府必须进一步加强对青年职业农民培育市场，包括相关行业、企业、培训机构的监督管理。

三是依据桂滇黔地区实际情况和农民需求调整农民培育过程中相关教学内容和教材编写等方面的指导。桂滇黔地区青年职业农民培育需结合该地区的民族特点、人文特点、地理特点、产业发展特点，统筹和综合考虑区域发展、扶贫、城乡一体化发展等政策的融合发展，探索和研究新时代背景下适合桂滇黔地区区情的青年职业农民培育机制。

桂滇黔地区的土地资源构成直接影响该地区农业农村的发展和产业发展，约束了桂滇黔地区青年职业农民培育发展的方向。桂滇黔地区的地理特点和农村交通状况也会直接影响该地区农业农村发展的定位，影响到桂滇黔地区与邻近其他区域如广东等地的农业合作等，进而影响该地区青年职业农民培育工作的战略与重心。因而在青年职业农民培育的教学模式、教材开发方面，要紧密结合这些桂滇黔地区的实际情况进行指导，使桂滇黔地区青年职业农民培育更好地促进该地区农村经济和社会发展。

8.2.7 强化对青年农民及农民组织内生力量的激发

参加培育的农民自身是青年职业农民培育工作的内在驱动主体。外部驱动最终还要通过内在驱动起作用。

根据内生发展理论，发展的过程必须强调主体的主动自发，拒绝来自他人支配的一种"人"的发展方式。参加培育的农民是培育的对象，要有效地保障青年职业农民培育效果，必须激发他们的主体性、主动性。

当前的现实情况是，参加培育的农民群体由于自身各方面的局限，接受职业培训内容的能力不强，且参加培育又有可能会耽搁自身的农业生产经营，会发生一些经济上的支出，加上一些培育机构的培训时间、培训地点、培训内容和培训方式与农民实际情况和需求不协调的问题，农民参加培育总体上主动性还不够强，认识还不够到位，参与培育的积极性还不够高，不少人不愿意为之投入过多的时间、精力和财力。

青年职业农民及农民组织内生力量，可以通过以下四个方面进行有效激发。

一是加强党对推进农民职业化进程的领导。历史和现实经验表明，加强党的领导是一切事业成功的前提和保障。桂滇黔地区在青年职业农民培育过程中，要从以几点加强党对推进农民职业化进程的领导：地方党委要总揽全局，发挥好在青年职业农民培育中的领导核心作用；基层党组织要固本强基，发挥好在青年职业农民培育中的战斗堡垒作用；党员要注重带头示范和创新，发挥好党员在青年职业农民培育中的先锋模范作用。

二是集聚青年职业农民的组织力量。农民专业合作经济组织通过提高农业生产的组织化程度，降低农业生产成本和市场交易费用，分享信息和技术服务，推动青年职业农民的专业化、市场化和综合素质的提高。

三是强化青年职业农民群体示范效应。青年职业农民培育工作中，必须注重发挥乡土人才的引领和示范带动作用。许许多多各种各样懂经济、善管理、了解市场行情的乡土人才，是青年职业农民学习的榜样。乡土人才智慧和力量的叠加，可以释放出更大的能量，引导带动青年职业农民群体学科技、用科技、闯市场，为青年职业农民的培育起带头作用。

四是激发青年职业农民的活力和内生动力。要保障青年职业农民真正独立的市场主体地位，保障他们具有完全的生产经营自主权，切实提高青年职业农民的民主参与程度和政治地位。

要着力培养青年职业农民的职业精神。青年职业农民的职业精神，是指现代农业从业人员应共同具备的职业信念、价值观念、行为准则，以及对农业的职业归属感、责任感和信誉感。宋新乐、朱启臻（2016）提出青年职业农民的职业精神应由职业理想、职业良心、职业道德等构成，其具体为诚信精神、敬业精神、奉献精神。习近平总书记在四川省考察时，用九个字概括了青年职业农民的鲜明特点："爱农业、懂技术、善经营。""爱农业"尤其强调青年职业农民的职业精神内核是热爱农业，奉献自我。青年职业农民的职业精神应从3个方面进行塑造和培养。（1）有情怀，热爱祖国、热爱农业；（2）有能力，要掌握农业科技、善于经营之道、懂得法律法规；（3）有操守，敬业，诚信，创新。

要积极主动解决青年职业农民培育中遇到的问题，倾听青年职业农民的诉求，遵循青年职业农民培育以他们的需求为导向：他们希望单次培训时长为3~7天，培训时间段最好在每年10~12月期间，培训地点尽量安排在城市。他们提出教师下乡指导少，培训缺乏针对性和时效性，脱离实际情况等三个比较突出的问题。他们认为技术掌握不足、营销途径不畅是生产经营活动遇到的主要困境。针对这些诉求，相关部门应引导市场培育主体在培育中予以及时回应和解决。

8.2.8 注重培育的同时防止青年人才流失并鼓励人才回流

在注重青年职业农民培育的同时，相关部门还要防范青年职业农民的流失。在访谈和调查中，发现有不少桂滇黔地区青年职业农民在接受培训后转移到了其他地区。有被访谈者反映，桂滇黔地区青年职业农民培育对象的选拔甚至遇到一定的困难。因此，相关部门需要重视和注意加强这方面的关注，并采取一定的措施进行控制。

在防止人才流失的同时，相关部门还要大力鼓励人才回流，鼓励大学生、农民工、退役军人等群体回到家乡，成为青年职业农民中的一员，带动当地农村经济发展。

参考文献

参考文献

[1] 顾冬冬. 新型职业农民培育问题研究进展及趋势——基于 CiteSpace 计量分析 [J]. 成人教育，2020（8）：51-58

[2] 谭婧、李祥. 新型职业农民培育研究的回溯反思及问题前瞻 [J]. 成人教育，2021（6）：40~47

[3] 刘吉双. 日本农村耕地保护制度与职业农民就近就地城镇化 [J]. 学术交流，2017（08）：135-140.

[4] 马艳艳，李鸿雁. 农户对新型职业农民培训的意愿响应及影响因素分析——以宁夏银北地区 265 户农户调查数据为例 [J]. 西北人口，2018，39（04）：99-104+111.

[5] 吴易雄. 基于二元 Logistic 模型的新型职业农民农业生产意愿的影响因素及其对策探析 [J]. 当代经济管理，2016，38（11）：40-49.

[6] 周杉，代良志，雷迪. 我国新型职业农民培训效果、问题及影响因素分析——基于西部四个试点县（市）的调查 [J]. 农村经济，2017（4）：115-121.

[7] 周瑾，夏志禹. 影响新型职业农民从业选择的微观因素分析 [J]. 统计观察，2018，34（12）：94-98.

[8] 徐辉, 许泱, 李红, 等. 新型职业农民培育影响因素及其精准培育研究——基于7省21县(市、区)63乡(镇)的调研数据[J]. 江西财经大学学报, 2018 (03): 86-94.

[9] 吴易雄. 新型职业农民创业的决策机制及其影响因素分析[J]. 统计与决策, 2017 (01): 110-1113.

[10] 杨璐璐. 乡村振兴视野的新型职业农民培育: 浙省个案[J]. 改革, 2018 (02): 132-145.

[11] 童洁, 李宏伟, 屈锡华. 我国新型职业农民职业化一般发展指数研究[J]. 财经问题研究, 2018 (05): 75-81.

[12] 贾亚娟, 宁泽逵, 杨天荣. 基于AHP法的新型职业农民胜任素质评价体系的构建[J]. 西安财经学院学报, 2017, 30 (01): 82-90.

[13] 郑雄飞. 职业化与成员权: 新型职业农民的社会利益关系及其协调路径优化[J]. 山东社会科学, 2018 (05): 28-33+42.

[14] 马建富, 马欣悦. 基于新型职业农民培育的农村职业教育供给侧改革[J]. 河北师范大学学报(教育科学版), 2017, 19 (06): 54-59.

[15] 欧阳忠明, 李国颖. 传统农民向新型职业农民转型过程中的学习研究[J]. 河北师范大学学报(教育科学版), 2017, 19 (06): 60-66.

[16] 崔红志. 新型职业农民培育的现状与思考[J]. 农村经济, 2017 (09): 1-7.

[17] 胡焱, 王伯达. 新型职业农民培育困境及对策研究[J]. 理论月刊, 2017 (08): 148-152.

[18] 颜廷武, 张露, 张俊飚. 对新型职业农民培育的探索与思考——基

于武汉市东西湖区的调查[J].华中农业大学学报（社会科学版），2017（03）：35-41+150.

[19] 徐辉.新常态下新型职业农民培育机理：一个理论分析框架[J].农业经济问题，2016，37（08）：9-15+110.

[20] 乔平平.基于新型职业农民培育的农村职业教育行动策略[J].教育理论与实践，2016，36（33）：23-25.

[21] 钟真，齐介礼，史冰清，张德生.职业农民更有效率吗——来自滇琼两省天然橡胶种植户的证据[J].农业技术经济，2018（05）：40-51.

[22] 马榕璠，申健，李凡.全面建成小康社会视域下新型职业农民培育探究——以山西省为例[J].教育理论与实践，2017，37（033）：31-33.

[23] 欧阳忠明，杨亚玉.新型职业农民的职业化学习图景叙事探究[J].现代远程教育研究，2017（04）：59-69.

[24] 宋新乐，朱启臻.新型职业农民的职业精神及其构建[J].西安交通大学学报（社会科学版），2016，36（04）：111-116.

[25] 周芳玲，肖宁月，刘平.农职院校参与新型职业农民培育研究[J].经济问题，2016（08）：94-97.

[26] 娄眉卿.转型发展背景下新型职业农民培育研究——以上海市郊区的探索实践为例[J].教育理论与实践，2016，36（21）：16-18.

[27] 赵如，张春和.论我国新型职业农民社会价值的创造与机制构建[J].求索，2016（09）：48-53.

[28] 徐辉.新常态下新型职业农民培育机制的构建——基于7省21乡（镇）63个村的调查[J].现代经济探讨，2016（11）：50-54.

[29] 高杰, 王蕾. 精准瞄准, 分类培训, 按需供给——四川省新津县新型职业农民培训的探索与实践 [J]. 农村经济, 2015（02）: 109-113.

[30] 植玉娥, 庄天慧, 刘人瑜. 成都市新型职业农民培训需求调查分析 [J]. 西北人口, 2015, 36（02）: 20-24.

[31] 吴兆明, 郑爱翔, 刘轩. 乡村振兴战略下新型职业农民职业教育与培训 [J]. 教育与职业, 2019（20）: 27-34.

[32] 王治, 程星. 论职业农民主导下的家庭农场创业 [J]. 江汉论坛, 2015（04）: 21-24.

[33] 康静萍, 汪阳. 中国新型职业农民短缺及其原因分析——基于安徽省寿县的调查 [J]. 当代经济研究, 2015（04）: 73-81.

[34] 童洁, 李宏伟, 屈锡华. 我国新型职业农民培育的方向与支持体系构建 [J]. 财经问题研究, 2015（04）: 91-96.

[35] 黎家远. 新型职业农民培育中的财政支持问题研究——以四川省为例 [J]. 农村经济, 2015（05）: 113-117.

[36] 夏益国, 宫春生. 粮食安全视阈下农业适度规模经营与新型职业农民——耦合机制、国际经验与启示 [J]. 农业经济问题, 2015, 36（05）: 56-64+111.

[37] 张蕙杰, 张玉梅, 赵邦宏, 等. 我国新型职业农民队伍总量与结构的需求估算研究 [J]. 华中农业大学学报（社会科学版）, 2015（04）: 44-48.

[38] 金绍荣, 肖前玲. 新型职业农民培育: 地方政府的角色、困境及出路 [J]. 探索, 2015（03）: 108-112.

[39] 尚锐.农村合作社组织中新型职业农民胜任素质科学培育机制探究——以黑龙江省为例[J].农业技术经济,2015（07）：114-120.

[40] 郑兴明,曾宪禄.农科类大学生能成为新型职业农民的主力军吗？——基于大学生农村基层服务意愿的实证分析[J].华中农业大学学报（社会科学版）,2015（05）：97-102.

[41] Kim Y K, Son J W, Kim H Y, Park H S, Lee M H, Cho S H, Min K U, Kim Y Y. New occupational allergen in citrus farmers: citrus red mite（Panonychus citri）[J]. Annals of Allergy, Asthma, & Immunology, 1999, 82（2）.

[42] 孟建锋,李魏瀚,续淑敏.乡村振兴战略下新型职业农民精准培育探究[J].农业经济,2019（11）：61-63.

[43] 朱玉良.新型职业农民培育制度探析——评《乡村职业教育：国际经验与中国选择》[J].中国果树,2019（06）：20.

[44] 向朝阳,胡越,万蕾.新型职业农民组织发展：来自美国的经验启示——以美国俄勒冈州农民组织为例[J].世界农业,2019（02）：20-22+27.

[45] 张志增.基于乡村振兴战略的农村职业教育改革创新策略[J].中国职业技术教育,2019（07）：38-44.

[46] 薛晴,陈会谦,孙秀芳.新时代新型职业农民的特征内涵及理论价值[J].农业经济,2019（08）：72-74.

[47] 景琴玲,刘甜,张欣童.乡村振兴视角下农民职业教育供给满意度及影响因素探究[J].教育与职业,2019（18）：99-103.

[48] 苏江.乡村振兴战略背景下新型职业农民教育体系的优化[J].教育与职业，2019（19）：78-81.

[49] 王金震.乡村振兴背景下新型职业农民培育研究——基于公共实训基地建设[J].成人教育，2019，39（10）：48-51.

[50] 梁成艾."职业农民"概念的历史溯源与现代扩张——基于乡村振兴战略之视角[J].农村经济，2018（12）：123-128.

[51] 庄西真.从农民到新型职业农民[J].职教论坛，2015（10）：23-28.

[52] 许露尹.政府委托下新型职业农民培育有效性研究[D].南宁：广西大学，2019.

[53] 陈正华.新型职业农民培训理论与机制[J].高等农业教育，2013（05）：109-113.

[54] 陈静.桂滇黔地区培养近6万新型职业农民[N].桂滇黔地区日报，2018-09-28（004）.

[55] 陈遇春.21世纪初中国农民职业教育研究[D].咸阳：西北农林科技大学，2003.

[56] 余汉英.乡村振兴战略背景下新型职业农民科技创业动力影响因素和政策研究[D].南昌：江西科技师范大学，2019.

[57] 林大静.论自由与必然的关系在高校思想政治教育中的意义[J].黑龙江高教研究，2005（08）：91-92.

[58] 新中国峥嵘岁月[N].人民日报，2020-04-04（007）.

[59] 杜巍.湖北省新型职业农民培育调研分析及对策[J].湖北农业科学，

2014, 53（17）: 4214-4218.

[60] 张晓玲.河南省南乐县实施人才振兴的举措探析[J].人才资源开发, 2019（23）: 30-31.

[61] 王芝茹.基于文化振兴的乡村规划实践策略研究——以广东省梅州市侯南村为例[C].中国城市规划学会、重庆市人民政府.活力城乡 美好人居——2019中国城市规划年会论文集（18乡村规划）.中国城市规划学会、重庆市人民政府:中国城市规划学会，2019: 1139-1147.

[62] 钱津.论新时代推动高质量发展的基本要求[J].黑龙江社会科学, 2019（06）: 1-8.

[63] 祝喜正，叶玲.引水入渠培育新型职业农民[J].四川农业科技, 2018（05）: 73-74.

[64] 余建杰.新时代视阈下"三农"问题发展路径[J].蚌埠学院学报, 2019, 8（06）: 86-89.

[65] 林月辉.乡村振兴战略背景下社会工作介入旧村改造的问题研究[D].南昌:江西师范大学，2019.

[66] 王永强.念好种养经 农民致富忙[N].西江日报，2019-09-08（001）.

[67] 张莞.羌族地区旅游产业融合发展研究[D].成都:西南民族大学, 2019.

[68] 郭智奇，齐国，杨慧，等.培育新型职业农民问题的研究[J].中国职业技术教育，2012（15）: 7-13.

[69] 张晓瑞，尹彦，冯永琴，等.汽车显控界面工效学设计评价指标体系研究[J].交通节能与环保，2016，12（04）: 12-16.

[70] 戴红武."美丽乡村"视域下农村社区教育发展思考[J].经济研究导刊，2019（34）：14-15+27.

[71] 倪涵.乡村振兴背景下农业类高职院校思政课实践教学新路径的探索与实践[J].教育现代化，2019，6（92）：92-93.

[72] 林夏竹.乡村振兴：习近平同志在闽工作期间的重要探索与实践[J].龙岩学院学报，2019，37（06）：12-20.

[73] 赵丹.农村土地要素市场发展机制完善研究[D].南昌：南昌大学，2019.

[74] 李棠，徐启豪.高等农业院校大学英语教学融入农耕文化的路径研究[J].黑龙江教师发展学院学报，2020，39（02）：135-137.

[75] 雍支康.乡村振兴战略的人才支撑[J].中国乡村发现，2019（02）：69-74.

[76] 郭军明.新型职业农民电子商务教育的理论逻辑与实践向度[J].齐齐哈尔大学学报（哲学社会科学版），2018（05）：21-23.

[77] 乔平平.基于新型职业农民培育的农村职业教育行动策略[J].教育理论与实践，2016，36（33）：23-25.

[78] 任蒙正.加快实施乡村振兴战略的思考[J].农村.农业.农民(B版)，2017（11）：46-47.

[79] 奂平清，何钧力.中国农民职业化现状及其影响因素——基于中国综合社会调查（CGSS2010）的分析[J].武汉大学学报（哲学社会科学版），2015，68（04）：120-128.

[80] 唐小毛.新型职业农民培训效果影响因素及对策分析[J].南方农业，

2019，13（23）：124-125+127.

[81] 顾丽霞，蔡晓波，汤勇.关于新型职业农民培育的思考[J].农技服务，2016，33（12）：161+158.

[82] 高飞.桂滇黔地区培育数万名新型职业农民[N].农民日报，2018-08-03（001）.

[83] 邓叶铭.新型职业农民发展及培育探索[J].现代农村科技，2019（08）：9-10.

[84] 郭晓茹，许文兴.新型城镇化进程中新型职业农民培育问题研究[J].郑州航空工业管理学院学报，2015，33（03）：135-140.

[85] 陈利昌，陈菁.新型职业农民培育影响因素的计量分析——基于广州市农村固定观察点农户的调查[J].农业经济，2019（12）：39-41.

[86] 廖正城.桂滇黔地区农业自然资源的特点及其评价[J].自然资源，1984（02）：74-83.

[87] 庞革平.农业新发展 就业路更宽[N].人民日报，2018-08-17（013）.

[88] 刘铭川，王晨宇，刘芷晴，等.新型职业农民科技培训中的问题与对策——基于湖南平江县的调查研究[J].作物研究，2016，30（02）：194-196.

[89] 朱文艳.S市公务接待服务外包研究[D].厦门：厦门大学，2018.

[90] 杜冠超.ZL招标公司员工培训[D].哈尔滨：哈尔滨工程大学，2012.

[91] 李慧静.现代农业发展中的职业农民培育研究[D].哈尔滨：东北林业大学，2015.

[92] 顾丽霞，蔡晓波，汤勇.关于新型职业农民培育的思考[J].农技服务，2016，33（12）：158、161.

[93] 张珂昱.商丘市新型职业农民队伍建设问题研究[D].郑州：河南工业大学，2019.

[94] 宋新乐，朱启臻.新型职业农民的职业精神及其构建[J].西安交通大学学报（社会科学版），2016，36（04）：111-116.

[95] 徐辉，许泱，李红，等.新型职业农民培育影响因素及其精准培育研究——基于7省21县（市、区）63乡（镇）的调研数据[J].江西财经大学学报，2018（03）：86-94.

[96] 陈利昌，陈菁.新型职业农民培育影响因素的计量分析——基于广州市农村固定观察点农户的调查[J].农业经济，2019（12）：39-41.

[97] 马名慧，邵喜武，周杨.新型职业农民培育参与意愿的影响因素分析——基于吉林省调查数据[J].农村经济与科技，2019，30（19）：278-280.

[98] 赵丽生，李锦元，郝美彦，等.关于高职院校教师职业精神现状和问题的调研报告[J].山西财政税务专科学校学报，2018，20（02）：3-7.

[99] 任鑫.实践共同体框架下新型职业农民成长的案例研究[D].南昌：江西科技师范大学，2018.

[100] 王桂丽.农业专家与新型职业农民之间的知识分享研究[D].江西科技师范大学，2018.

[101] 马新星，朱德全.现代学徒制培育新型职业农民的逻辑框架[J].国家教育行政学院学报，2019（09）：87-95.

[102] 程宇. 苏州农业职业技术学院新型职业农民培养模式 [J]. 职业技术教育，2017，38（17）：1.

[103] 张文婷. 乡村振兴战略背景下乡风文明建设研究 [D]. 成都：西华大学，2019.

[104] 王晓江，闫秀丽. 河北省新型职业农民培养目标与对策分析 [J]. 南方农业，2015，9（31）：31-33.

[105] 姚瑶，孙晨. 以"组织振兴"筑牢乡村振兴"主心骨"[J]. 经济研究导刊，2019（34）：24-27.

[106] 陈敏. 基于科学发展观的和谐学报运行模式 [J]. 集美大学学报（教育科学版），2011，12（01）：91-94.

[107] 闫永华. 社会支持对农村因婚迁移女性社会适应的影响研究 [D]. 西安：西安工程大学，2019.

[108] 吴家浩. 我国农民专业合作组织的发展现状与影响因素综述 [J]. 当代经济，2010（23）：74-76.

[109] 陈磊. 加快立法保障依法脱贫攻坚 [N]. 法制日报，2020-02-13（004）.

[110] 罗丹. 高质量打赢脱贫攻坚战 [N]. 人民日报，2020-02-12（006）.

[111] 中共中央国务院. 关于构建更加完善的要素市场化配置体制机制的意见 [J]. 工程造价管理，2020（03）：3-5+7.

[112] 刘远. "十三五"全国新型职业农民培育发展规划发布 [N]. 农民日报，2017-01-23（001）.

[113] 李卫东. 从解决绝对贫困到解决相对贫困 [J]. 中国民政,2019(23):

29-30.

[114] 胡德华. 新型职业农民培训工作存在的问题及其创新对策——以浙江省为例 [J]. 成人教育，2012，32（11）：85-88.

[115] 李慧. 如何高质量打赢脱贫攻坚战 [N]. 光明日报，2020-02-12（010）.

[116] 沈鸿，赵永乐. 西南少数民族地区农村人力资源开发影响因素研究——基于西南四省少数民族农村地区 963 份调查数据 [J]. 经济问题探索，2011（09）：60-65.

[117] 柳立. "三农"领域重点工作应着眼于补短板 [N]. 金融时报，2020-02-24（009）.

[118] 关于抓好"三农"领域重点工作确保如期实现全面小康的实施意见 [N]. 福建日报，2020-02-21（007）.

[119] 关于抓好"三农"领域重点工作 确保如期实现全面小康的实施意见 [N]. 河南日报，2020-02-17（001）.

[120] 周亮. 兜住底 兜准底 兜好底 [N]. 中国社会报，2019-12-31（001）.

[121] 省委省政府出台关于抓好"三农"领域重点工作确保如期实现全面小康的实施意见 [N]. 河北日报，2020-02-1

[122] 郭晓茹，许文兴. 国外新型职业农民培训的经验及启示 [J]. 吉林工程技术师范学院学报，2015，31（05）：46-48.

[123] 鲁洲. 高质量打赢脱贫攻坚战 [N]. 中国青年报，2020-02-24（007）.

[124] 雷育胜，冷金岩. 以更有力的社会福利制度凝心聚力推动发展——读《大转型》后感 [J]. 社会福利（理论版）2019，（11）：61-63.

[125] 温嘉嘉.现代农业发展中新型农民培育问题研究 [D].福州：福建农林大学，2012.

[126] 李慧静.现代农业发展中的职业农民培育研究 [D].哈尔滨：东北林业大学，2015.

[127] 汪阳.我国农业现代化进程下新型职业农民培育路径探究 [D].南昌：江西财经大学，2016.

[128] 沈红梅，霍有光，张国献.新型职业农民培育机制研究——基于农业现代化视阈 [J].现代经济探讨，2014（01）：65-69.

[129] 李明湖,秦志东,丁永奎.论桂滇黔地区新型职业农民及其培育 [J].企业科技与发展，2015（23）：63-65+76.

[130] 宋新乐，朱启臻.新型职业农民的职业精神及其构建 [J].西安交通大学学报（社会科学版），2016，36（04）：111-116.

[131] 刘丽娜.远程开放教育与职业培训一体化设计的教育精准扶贫路径探析 [J].当代继续教育，2019，37（06）：72-77.

[132] 魏澄荣，陈美玲.营造有利于创新创业创造的良好环境 [J].文化创新比较研究，2019，3（35）：182-183.

[133] 农业农村部全面启动 2019 年农民教育培训工作 [J].农民科技培训，2019（07）：4-5.

[134] 本刊编辑部.农民的"新农具" [J].农民科技培训，2019（07）：1.

[135] 郝妙.小农户和现代农业发展有机衔接的四种方式 [N].宜宾日报，2019-12-13（003）.

[136] 农业农村部、财政部：做好 2019 年农业生产发展等项目实施工

作 [J]. 农经，2019（04）：8.

[137] 王来辉. 少数民族特色村寨旅游发展研究 [D]. 广州：广东技术师范大学，2019.

[138] 许勤. 政府工作报告 [N]. 河北日报，2020-01-15（001）.

[139] 吴道锋. 农民教育培训提质增效 应当注重提升工作"六性" [J]. 农民科技培训，2019（09）：27-29.

[140] 岳金宏. 5500 名农民年内将"入库"参训 [N]. 石家庄日报，2019-08-16（006）.

[141] 董昌. 今年全市计划培训高素质农民 5500 人 [N]. 河北日报，2019-08-27（009）.

[142] 李欣泽. 打造乡村振兴生力军 [N]. 陕西日报，2020-02-18（007）.

[143] 梁成艾. "职业农民"概念的历史溯源与现代扩张——基于乡村振兴战略之视角 [J]. 农村经济，2018（12）：123-128.

[144] 庄西真. 从农民到新型职业农民 [J]. 职教论坛，2015（10）：23-28.

附录

附录1 青年职业农民调查问卷

习近平总书记在参加2017年"两会"四川省代表团审议时指出,要就地培养更多爱农业、懂技术、善经营的新型职业农民。新型职业农民是以农业为职业、具有相应的专业技能、收入主要来自农业生产经营并达到相当水平的现代农业从业者。

为了更好地了解桂滇黔地区青年职业农民培育现状,收集桂滇黔地区青年职业农民对职业农民培育工作的意见和建议,课题组特制作此调查问卷。我们承诺所获得数据会严格保密,仅供调查研究使用,请放心如实填写。

诚挚地感谢您的支持与合作!

以下 1~34 题，均为单项选择题。

1. 您的性别（   ）

   A．男　　　　　　　　B．女

2. 您的年龄（   ）

   A．16~20 岁　　　　　B．20~30 岁

   C．30~40 岁　　　　　D．40~50 岁

   E．50 岁以上

3. 您的受教育程度（   ）

   A．小学及以下　　　　B．初中

   C．高中　　　　　　　D．大专

   E．本科及以上

4. 您年收入（   ）

   A．1 万元以下　　　　B．1 万元~5 万元

   C．5 万元~10 万元　　D．10 万元~20 万元

   E．20 万元~50 万元　 F．50 万元以上

5. 您的家庭人均年收入（   ）

   A．1 元~5000 元　　　B．5000 元~1 万元

   C．1 万~1.5 万元　　 D．1.5 万~2 万元

   E．2 万~2.5 万元　　 F．2.5 万元以上

6. 您从事农业生产的年限（　　）

　　A．1 年及以内　　　　B．2~5 年

　　C．6~10 年　　　　　 D．10 年以上

7. 您现在的身份或职业（　　）

　　A．一般的种田农户　　B．农业技术服务人员

　　C．专业养殖户　　　　D．专业合作社带头人

　　E．家庭农场　　　　　F．农业经济组织管理人员

　　G．现代农业（育种/营销/仓储运输等行业）服务人员

　　H．种粮大户　　　　　I．其他

8. 您在农业经营中的诚信度（　　）

　　A．高　　　　　　　　B．较高

　　C．中等　　　　　　　D．稍弱

　　E．弱

9. 您作为青年职业农民的社会责任感（　　）

　　A．强　　　　　　　　B．较强

　　C．中等　　　　　　　D．稍弱

　　E．弱

10. 您觉得您在村民中的号召力（　　）

　　A．强　　　　　　　　B．较强

C.中等 D.稍弱

E.弱

11.您学习职业农民知识的精力和时间投入（   ）

A.多 B.较多

C.中等 D.稍少

E.少

12.遇到农业技术和经营上的困难，您积极主动解决的能力（   ）

A.强 B.较强

C.中等 D.稍弱

E.弱

13.您认为自己学习职业农民的技术能力（   ）

A.强 B.较强

C.中等 D.稍弱

E.弱

14.您总结农业技术经验的能力（   ）

A.强 B.较强

C.中等 D.稍弱

E.弱

15. 您的市场经营能力（   ）

A. 强   B. 较强

C. 中等   D. 稍弱

E. 弱

16. 您对农业市场发展趋势的关注度（   ）

A. 高   B. 较高

C. 中等   D. 稍低

E. 低

17. 您参加了几次职业农民培训（   ）

A. 1 次   B. 2 次

C. 3 次   D. 4 次

E. 5 次及以上

18. 您接受的职业农民培训费用来源（   ）

A. 自身   B. 企业

C. 政府

D. 政府出大部分，自己出少部分

E. 企业出大部分，自己出少部分

F. 不清楚

19. 培训后您对农业生产的热爱程度（   ）

A. 有很大提升　　　　　B. 有较大提升

C. 有一点提升　　　　　D. 没有提升

20. 培训后您对农业经营的热爱程度（　　　）

A. 有很大提升　　　　　B. 有较大提升

C. 有一点提升　　　　　D. 没有提升

21. 培训后您的农业生产技能（　　　）

A. 有很大提升　　　　　B. 有较大提升

C. 有一点提升　　　　　D. 没有提升

22. 培训后您的农业经营技能（　　　）

A. 有很大提升　　　　　B. 有较大提升

C. 有一点提升　　　　　D. 没有提升

23. 您认为培训教师水平（　　　）

A. 很高　　　　　　　　B. 较高

C. 中等　　　　　　　　D. 较低

E. 低

24. 您对培训效果评价是（　　　）

A. 很好　　　　　　　　B. 较好

C. 一般　　　　　　　　D. 较差

E. 差

25. 您对农业生产方面的培训的满意度如何（　　）

　A．非常满意　　　　　　B．较满意

　C．满意　　　　　　　　D．较不满意

　E．不满意

26. 您对农业经营方面的培训的满意度如何（　　）

　A．非常满意　　　　　　B．较满意

　C．满意　　　　　　　　D．较不满意

　E．不满意

27. 职业农民培训对您的农业生产和经营影响如何（　　）

　A．影响非常大　　　　　B．影响较大

　C．有影响　　　　　　　D．影响较小

　E．无影响

28. 您认为我国当前职业农民培育所采用的模式是（　　）

　A．政府行政指令式

　B．市场调控式

　C．政府和市场相结合，以政府执行指令为主

　D．政府市场相结合，以市场调控为主

　E．不清楚

29. 您希望我国职业农民培育采用的模式是（　　）

A．政府行政指令式

B．市场调控式

C．政府和市场相结合，以政府执行指令为主

D．政府市场相结合，以市场调控为主

30．您希望每一次培训的时间（　　）

A．3 天以内　　　　　　　　B．3 天~7 天

C．7 天~15 天　　　　　　　D．15 天~30 天

E．30 天以上

31．您认为一年之中哪段时间培训比较合适（　　）

A．1~3 月　　　　　　　　　B．4~6 月

C．7~9 月　　　　　　　　　D．10~12 月

E．随时

32．您希望培训的地点放在（　　）

A．外省　　　　　　　　　　B．城市

C．县城　　　　　　　　　　D．本县其他乡镇

E．本乡镇　　　　　　　　　F．本村

G．无所谓

33．您认为职业农民培训存在的问题（　　）

A．硬件设施较差　　　　　　B．缺少培训后的服务

C. 缺乏针对性和时效性　　　　D. 教师下乡指导少

E. 培训时间少　　　　　　　　F. 讲师教学水平有差距

G. 培训内容偏难　　　　　　　H. 多关注政绩宣传

I. 培训内容重复　　　　　　　J. 培训脱离实际

K. 其他

34. 您现在的生产经营活动遇到困境是来自哪一方面（　　）

A. 生产成本过高　　　　　　　B. 销售途径不畅

C. 技术掌握不足　　　　　　　D. 经营管理不擅长

E. 其他

附录2 青年职业农民培育现状调查问卷完整统计结果（共1008份数据）

统计类别	样本特征	频数	频率
1. 性别	男	727	72.12%
	女	281	27.88%
2. 年龄	16~20 岁	156	15.48%
	20~30 岁	131	13.00%
	30~40 岁	147	14.58%
	40~50 岁	486	48.21%
	50 岁以上	88	8.73%
3. 受教育程度	小学及以下	328	32.54%
	初中	411	40.77%
	高中	167	16.57%
	大专	94	9.33%
	本科及以上	8	0.79%

（续表）

统计类别	样本特征	频数	频率
4. 年收入	1 万元以下	462	45.83%
	1 万~5 万元	307	30.46%
	5 万~10 万元	117	11.61%
	10 万~20 万元	79	7.84%
	20 万~50 万元	31	3.08%
	50 万元以上	12	1.19%
5. 家庭人均年收入	1~5000 元	483	47.92%
	5000~1 万元	180	17.86%
	1 万~1.5 万元	107	10.62%
	1.5 万~2 万元	83	8.23%
	2 万~2.5 万元	61	6.05%
	2.5 万元以上	94	9.33%
6. 从业年限	1 年及以内	196	19.44%
	2~5 年	178	17.66%
	6~10 年	93	9.23%
	10 年及以上	541	53.67%
7. 身份/职业	一般的种田农户	377	37.40%
	农业技术服务人员	61	6.05%
	专业养殖户	193	19.15%
	专业合作社带头人	57	5.65%
	家庭农场	19	1.88%
	农业经济组织管理人员	17	1.69%
	现代农业服务人员	8	0.79%
	种粮大户	22	2.18%
	其他	254	25.20%

（续表）

统计类别	样本特征	频数	频率
8. 在农业经营中的诚信度	高	296	29.37%
	较高	284	28.17%
	中等	351	34.82%
	稍弱	30	3.00%
	弱	47	4.67%
9. 作为青年职业农民的社会责任感	强	304	30.16%
	较强	327	32.44%
	中等	312	30.95%
	稍弱	39	3.87%
	弱	26	2.58%
10. 在村民中的号召力	强	178	17.66%
	较强	241	23.91%
	中等	400	39.68%
	稍弱	101	10.02%
	弱	88	8.73%
11. 在农业生产经营中投入的时间和精力	多	173	17.16%
	较多	236	23.41%
	中等	366	36.31%
	稍少	162	16.07%
	少	71	7.04%
12. 积极主动解决问题的能力	强	196	19.44%
	较强	289	28.67%
	中等	371	36.81%
	稍弱	82	8.13%
	弱	70	6.94%

（续表）

统计类别	样本特征	频数	频率
13.作为青年职业农民的技术能力	强	129	12.80%
	较强	296	29.37%
	中等	329	32.64%
	稍弱	156	15.48%
	弱	98	9.72%
14.总结农业技术经验的能力	强	179	17.76%
	较强	295	29.27%
	中等	349	34.62%
	稍弱	110	10.91%
	弱	75	7.44%
15.市场经营能力	强	101	10.02%
	较强	216	21.43%
	中等	456	45.24%
	稍弱	160	15.87%
	弱	75	7.44%
16.对农业市场关注度	高	114	11.31%
	较高	195	19.35%
	中等	462	45.83%
	稍弱	151	14.98%
	弱	86	8.53%

（续表）

统计类别	样本特征	频数	频率
17.参加职业农民培训次数	1次	551	54.66%
	2次	212	21.03%
	3次	166	16.47%
	4次	31	3.08%
	5次及以上	48	4.76%
18.培训费用来源	自身	303	30.06%
	企业	131	13.00%
	政府	210	20.83%
	政府出大部分，自己出少部分	86	8.53%
	企业出大部分，自己出少部分	33	3.27%
	不清楚	245	24.31%
19.培训后对农业生产热爱程度	有很大提升	109	10.81%
	有较大提升	209	20.73%
	有一点提升	520	51.59%
	没有提升	170	16.87%
20.培训后对农业经营热爱程度	有很大提升	252	25.00%
	有较大提升	263	26.09%
	有一点提升	353	35.02%
	没有提升	140	13.89%
21.培训后的农业生产技能	有很大提升	248	24.60%
	有较大提升	294	29.17%
	有一点提升	366	36.31%
	没有提升	100	9.92%

（续表）

统计类别	样本特征	频数	频率
22.培训后的农业经营技能	有很大提升	178	17.66%
	有较大提升	390	38.69%
	有一点提升	345	34.23%
	没有提升	95	9.42%
23.培训教师水平	很高	173	17.16%
	较高	381	37.80%
	一般	378	37.50%
	较差	30	2.98%
	差	46	4.56%
24.对培训效果评价	很好	259	25.69%
	较好	355	35.22%
	一般	291	28.87%
	较差	50	4.96%
	差	53	5.26%
25.对农业生产方面培训满意度	非常满意	201	19.94%
	较满意	150	14.88%
	满意	416	41.27%
	较不满意	190	18.85%
	不满意	51	5.06%
26.对农业经营方面培训满意度	非常满意	167	16.57%
	较满意	136	13.49%
	满意	455	45.14%
	较不满意	207	20.54%
	不满意	43	4.27%

（续表）

统计类别	样本特征	频数	频率
27. 培训对农业生产经营的影响	影响非常大	185	18.35%
	影响较大	177	17.56%
	有影响	396	39.29%
	影响较小	183	18.15%
	无影响	67	6.65%
28. 现有职业农民培育模式	政府行政指令式	181	17.96%
	市场调控式	110	10.91%
	政府和市场相结合，以政府执行指令为主	504	50.00%
	政府和市场相结合，以市场调控为主	213	21.13%
29. 期望的职业农民培育模式	政府行政指令式	66	6.55%
	市场调控式	107	10.62%
	政府和市场相结合，以政府执行指令为主	441	43.75%
	政府和市场相结合，以市场调控为主	394	39.09%
30. 期望单次培训时间	3 天以内	362	35.91%
	3 天~7 天	322	31.94%
	7 天~15 天	190	18.85%
	15 天~30 天	86	8.53%
	30 天以上	48	4.76%
31. 期望培训时间段	1~3 月	203	20.14%
	4~6 月	154	15.28%
	7~9 月	126	12.50%
	10~12 月	373	37.00%
	随时	152	15.08%

（续表）

统计类别	样本特征	频数	频率
32.期望培训的地点	外省	65	6.45%
	城市	262	25.99%
	县城	163	16.17%
	本县其他乡镇	79	7.84%
	本乡镇	118	11.71%
	本村	223	22.12%
	无所谓	98	9.72%
33.职业农民培训存在的问题	硬件设备较差	53	5.26%
	缺少培训后的服务	75	7.44%
	缺乏针对性和时效性	180	17.86%
	培训时间少	43	4.27%
	教师下乡指导少	169	16.77%
	讲师教学水平有差距	40	3.97%
	培训内容偏难	67	6.65%
	关注政绩宣传	50	4.96%
	培训内容重复	75	7.44%
	培训脱离实际	92	9.13%
	其他	164	16.27%
34.农业生产经营活动遇到的困境	生产成本过高	158	15.67%
	销售途径不畅	157	15.58%
	技术掌握不足	285	28.27%
	经营管理不擅长	260	25.79%
	其他	148	14.68%